社생활변호사

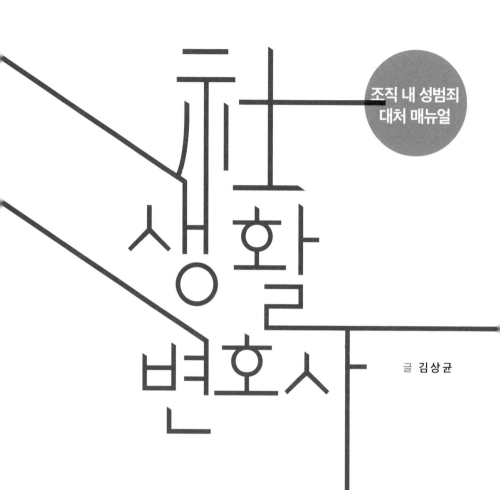

조직 내 성범죄
대처 매뉴얼

사
생활
변호사

글 김상균

내일을여는책

누군가 이런 조언을 좀 더 일찍 해줬더라면

중견 기업 성범죄 사건 피해자

"걔가 너 진짜 좋아해서 그래."

"회사 계속 다니고 싶은 거 아냐? 소문나면 어쩌려고 그래?"

"경찰이 귀찮게 하면 그냥 해고할 거야."

아직도 용서되지 않는 이유는 회사의 이미지를 위해 나의 아픔을 묻어버렸기 때문이다. 성범죄 피해자인 나는 다수의 말소리로 2차 피해를 보았다. 회사에 다니기 위해선 미움 받으면 안 된다는 생각에 항상 '을'의 입장이었으니, 그날 이후 삶이 순탄할 수 없었다. 정말 눈치가 많이 보였다. 내 행동에 대한 질타 외에는 스스로 할 수 있는 게 없었다.

회사에선 시간이 지나면 괜찮아질 거라며 나에게 간단히 잊어버리라고 했다. 그러면서 동시에 "걔가 너 진짜 좋아해서 그런 거야"라고 말하는 모순을 보였다. 피해자에게는 평생 마음의 상처로 남는데 가해자들은 남녀 사이의 해프닝이라며 넘기고 만다. 용서하는 것도 처벌하는 것도 피해자가 결정하는 것이지, 가해자는 결정할 수 없다. 회사의 강요와 가해자의 압박에 의해 아무런 대가 없이 고소를 취하해 준 후 나는 '꽃뱀'이 돼 있었다. 많은 것들을 잃어버리는 것 같은 느낌에 괴로워서 살 수가 없었다. 스스로 나 자신을 소중히 여기지 않는 행동도 했다.

모든 걸 돌려놓고 싶었다. 늦은 새벽에 마지막으로 다시 한번 도와달라고 글을 썼다. 난 죽고 싶지 않았고, 살고 싶어서 울고 있었다. 과연 이 큰 세상이 날 믿어줄지 자신이 없었고, 내 감정들을 설명하는 게 너무 힘들었다.

이후 처음으로 내 이야기를 편견 없이 들어줄 사람을 만났다. 도움을 주겠다며, 상담이 필요하면 연락을 달라고 하셨다. 회사에서는 가해자가 몇 천만 원 들여 변호사를 선임했다고 했고, 나는 그만한 돈이 없으니 변호사를 만날 기회가 없다고 생각했었다. 그런데 김상균 변호사님은 타인의 상처받은 마음을 어떻게 위로해야 하는지, 그리고 어떻게 해야 그 상처의 아픔을 달랠 수 있는지 너무나 잘 알고 계셨다. 그때까지 받았던 충고와 모순된 조언이 아니었다. 진심으로 나를 생각해주는 게 느껴졌다. 이미 나와 비슷한 피해를 본 사람들을 경험했기 때문에 가능한 위로 같았다. 그렇기에 더 조심스럽고 따뜻했다.

많은 사람이 이 책을 읽고 성범죄 피해에 대한 대응방법을 잘 숙지했으면 좋겠다. '누군가 조금 더 일찍 나에게 이런 조언들을 해줬더라면 내가 이만큼 더 상처를 받지는 않았을 텐데…'라는 생각이 들었다. 세상 사람들이 나와 비슷한 상처를 받지 않았으면 좋겠다.

인생의 벼랑 끝에서 만난 행운

대형은행 노조 간부 성범죄 사건 피해자

인생에는 언제나 내가 의도치 않은 사건들이 발생합니다. 아직도 저는 지난날의 일들이 꿈처럼 느껴질 때가 많습니다.

예기치 않은 일이 내 앞에 닥쳤을 때, 보통 우리는 정확한 판단을 내리기보단 회피하고 도망치는 경우가 더 많은 것 같습니다. 그런 일을 처음 겪어보거나, 믿었던 사람 또는 신뢰를 주는 사람에게 그런 일을 당한다면 더욱더 그렇겠지요.

저도 처음에는 모든 것이 두려워 도망치려 했습니다. 그러나 고심 끝에 결국 경찰에 신고했고, 경찰 조사를 받았습니다. 사건이 검찰에 송치되어 가해자가 법원에 기소되기까지의 시간은, 혼자 힘으로 버티기엔 힘들고 지치는 시간이더군요. 제가 생각했던 것보다 훨씬 더….

　인생의 벼랑 끝에 서 있을 때 저는 김상균 변호사라는 행운을 만났습니다. 독자님들도 성범죄에 노출되었을 때 이 책이 어쩌면 작은 행운 같은 도움이 되어줄 것이라 믿어 의심치 않습니다.

범죄 없는 세상에 살고 싶습니다

저는 대한민국에서 성범죄 피해자 사선(私選) 변호를 가장 많이 해본 변호사 중 하나입니다. 그리고 가장 많은 성범죄 피해자들을 상담한 변호사이기도 합니다.

수많은 피해자를 만나면서 그들의 사건을 맡아 수행하기도 하고, 단순히 피해 사실을 듣고 상담하기도 하면서, 그들이 겪는 아픔이 상상했던 것보다 매우 크고 깊다는 사실을 알게 되었습니다.

경우에 따라서는 피해자의 잘못된 대처에 따라 진실이 묻히기도 하고, 타인을 자신의 눈높이에서 평가하고 절하하는 이들로 인해 2차·3차 피해를 입기도 하는 등, 성범죄 피해자들이 겪는 고통은 정말이지 하나하나 나열하기도 힘듭니다.

길거리를 지나다가 하늘에서 떨어진 화분을 맞았다고 생각해봅시다. 대다수의 사람들은 당황하고 경황이 없어 어찌해야 할지 모를 겁니다. 성범죄란 이런 것입니다. 막상 발생하고 나면 대처하기가 쉽지 않습니다.

저는 제가 겪은 생생한 경험들을 통해 성범죄 피해자들을 위한 가이드라인을 만들고 싶었습니다. 혹여나 있어서는 안 되는 범죄가 발생할 조짐이 보인다거나, 발생하였을 때, 적어도 이 책을 읽으신 분들이라면 조금 더 수월하게 대처하실 수 있기를 바라는 마음입니다.

범죄 없는 세상에서 살고 싶습니다. 제 졸저가 그런 세상을 만드는 데 작은 도움이라도 된다면 정말 좋겠습니다. 감사합니다.

2020년 9월

김상균

차례

추천의 글
누군가 이런 조언을 좀 더 일찍 해줬더라면 - 중견 기업 성범죄 사건 피해자   4

추천의 글
인생의 벼랑 끝에서 만난 행운 - 대형은행 노조 간부 성범죄 사건 피해자   7

여는 글
범죄 없는 세상에 살고 싶습니다   9

1. **세상의 수많은 성범죄**   15
    성범죄의 종류   22

2. **조직 내 성범죄가 발생했다**   35
    모든 이야기엔 복선이 있다   37
    이것이 성범죄다   44

3. **돌이킬 수 없는**   49

4. **이제 무엇을 할 것인가**   59
    신고는 빠를수록 좋다   71

5. **싸움의 시작**   89
    신고 후 처음으로 겪게 되는 일   90
    변호사의 역할   95
    검찰의 기소   99
    공판의 시작, 진술과 증명   103
    유일한 증거는 피해자의 진술   105
    진술과 조사의 고통   108

가해자의 부정과 부인   110

가해자의 회유와 협박   116

불리한 증거의 발견   118

대질조사   121

심리생리조사(거짓말 탐지기)의 제안   123

무고죄, 역고소   125

6. **조직의 대처**   145

연쇄적 성폭력 사건이 일어난 중견 기업의 경우   151

가해자(노조 간부)가 증거를 조작한 대형은행의 경우   160

신용카드회사 팀장 사건의 경우   163

조직적 은폐와 피해자 배제   166

성범죄 피해 발생 시 회사의 대처   167

7. **피해자에 대한 2차 가해**   175

너무 쉽고 너무 흔한 2차 가해   176

피해자에 대한 편견   179

'꽃뱀' 프레임   184

조직 내 성범죄 가해자의 특성   191

8. **No means no**   197

9. **사법체계 내에서의 법적 결론**   205

심신상실과 항거불능에 관하여   206

성범죄 처벌 규정의 해석   213

10. **그래서 이 싸움은 끝날 것인가**   229

세상의 수많은 성범죄

· · · · · ·

성평등이 어느 정도 구현된 세상인 걸까요?

'미투' 운동을 통해 수많은 성범죄가 백일하에 드러났습니다. 예전에는 이렇지 않았다는 말은 거짓말입니다. 요즘 세상이 과거보다 더 흉흉해진 거라는 말도 틀린 말입니다. 지금껏 수많은 피해자들이 고발하지 못했을 뿐입니다. 지금의 고발은 과거로부터 옵니다. 그동안 수많은 피해자들이 생계를 위해, 경력 관리를 위해, 또는 기회를 놓치지 않기 위해 입을 닫고 참아왔습니다.

약한 동물은 무엇을 향해 달리는 게 아니라 무엇으로부터 도망친다고 합니다. 그 말을 들었을 때 바로 수많은 피해자들이 떠올랐습니다. 그들은 계속 도망치다 보면 벽을 만나게 됩니다. 그나마 지금의 사회는 피해자들이 건너갈 수 있는 작은 조각배가 있는 강물 정도 될까요? 그 전엔 그저 벽이었습니다.

현장에서 피해자들을 만나며 가장 가깝게 이야기를 듣습니다. 상

社 생활 변 호 사

담 전화는 직접 받는 편인데, 상담만 하고 고소까지는 어렵겠다고 말하는 경우가 많습니다. 성범죄라기보다 성희롱에 해당하는 경우가 있고, 성범죄 피해를 입었다 해도 개인 사정으로 직장을 그만둘 수 없는 경우가 있습니다. 변호사를 만날 수 없는 사람들이 더 많습니다. 정부의 지원으로 더 많은 피해자들이 법적 구제를 받는 세상이 되길 바랍니다.

법은 어렵습니다. 저도 오랫동안 공부했지만, 공부를 놓을 수 없는 것이 법입니다. 일반 시민들에겐 더 어려울 수 있습니다. 상식적으로 분명히 범죄로 여겨지는데도 법적으로 처벌기준이 없는 경우가 있기 때문입니다. 법적 처벌기준이 없거나 형사 처분을 받지 못하는 경우를 범죄라 할 수 있느냐에 대해 법조인과 비법조인의 이해가 다를 수밖에 없습니다. 법조인들은 법에 준해 말하지만 비법조인들은 상식과 도덕에 근거해 말합니다. 법은 일반 시민들의 의식에 완전히 부합하지 않습니다. 법은 느리게 작동합니다. 만들어지는 과정에도 시간이 걸립니다. 법이 느리게 작동하는 이유는 세상 곳곳에서 일어나는 범죄들을 우리가 모두 예견할 수 없기 때문이기도 하고, 법을 만들고 집행하는 사람들이 사회의 어두운 면을 다 상상할 수 없기 때문이기도 합니다. 모두가 각자의 세상에서 살아갑니다. 이 간극 때문에 피해자들이 더 혼란에 빠집니다.

흔히 소 잃고 외양간 고친다고 합니다. 소를 잃어버려 외양간이 필요 없어졌더라도 미래를 위해 고쳐두는 것이 옳다고 생각합니다.

이 책에서는 세상의 수많은 성범죄 중에서 직장 내 성범죄에 한정하여, 직장 내 성범죄의 종류와 성범죄의 발생 과정, 그에 대한 대처 방법 등을 살펴보겠습니다.

사람들은 흔히 성범죄를 큰 개념으로 보고 이를 다시 성희롱, 성추행, 성폭행 등으로 분류합니다. 이는 상담을 하면서 파악하게 된 일반인들의 관념입니다. 저는 이 같은 사회적 인식을 떠나, 법률에서 이를 어떻게 해석하는지 말하고자 합니다. 성희롱은 관념적으로는 성범죄의 일종이지만, 법적으로는 형사처벌의 대상이 되는 성범죄가 아닙니다.

성범죄는 국가가 필요에 의해 형사처벌을 하도록 형법 등 법률에 규정해 놓은 것입니다. 성희롱은 상대방에게 명백한 성적 가해행위를 하여 피해자가 성적 불쾌감을 느끼긴 했지만 성범죄에는 해당하지 않는 것을 일컫습니다. 다시 말하면 성희롱은 형사처벌의 대상이 되지 않는 가해행위입니다. 성희롱은 도덕과 윤리에 입각해 '옳지 않은 행동'이라고 판단되지만 형사법에 입각한 처벌은 할 수 없습니다. 현재로서는 그렇습니다. 따라서 성범죄와 성희롱은 형사처벌의 대상 여부에 따라 구분할 수 있습니다. 생활법령정보 사이트에서도 이를 확인할 수 있는데 그 내용은 다음과 같습니다.

1. 성희롱의 개념

일반적으로 성희롱이란 상대방이 원하지 않는 성적(性的)인 말이나 행동을 하여 상대방에게 성적 굴욕감이나 수치심을 느끼게 하는 행위를 말합니다. 성희롱의 개념을 정의하고 있는 입법례는 「국가인권위원회법」과 「남녀고용평등과 일·가정 양립지원에 관한 법률」 및 「양성평등기본법」에서 찾아볼 수 있는데, 공통적으로 성희롱이란 '지위를 이용하거나 업무와 관련하여' 성적(性的) 언동(言動) 등으로 성적 굴욕감(屈辱感) 또는 혐오감(嫌惡感)을 느끼게 하거나, 성적 언동 그 밖의 요구 등에 대한 불응을 이유로 고용에서 불이익을 주는 것까지 포함하는 근로관계를 전제로 하는 경우가 대부분입니다.

2. 해당 조문

「국가인권위원회법」 제2조 제3호 라목
'성희롱'이란 업무, 고용 그 밖의 관계에서 공공기관의 종사자, 사용자 또는 근로자가 그 직위를 이용하거나 업무 등과 관련해 성적 언동 등으로 성적 굴욕감 또는 혐오감을 느끼게 하거나 성적 언동 그 밖의 요구 등에 대한 불응을 이유로 고용상의 불이익을 주는 것을 말합니다.

「남녀고용평등과 일·가정 양립지원에 관한 법률」 제2조 제2호
'직장 내 성희롱'이란 사업주·상급자 또는 근로자가 직장 내의 지위를 이용하거나 업무와 관련하여 다른 근로자에게 성적 언동 등으로 성적 굴욕감 또는 혐오감을 느끼게 하거나 성적 언동 또는 그 밖의 요구 등에 따르지 않았다는 이유로 근로조건 및 고용에서 불이익을 주는 것을 말합니다.

「양성평등기본법」 제3조 제2호 및 「양성평등기본법 시행령」 제2조
'성희롱'이란 업무, 고용, 그 밖의 관계에서 국가기관·지방자치단체 또는 각급 학교 및 공직 유관 단체의 종사자, 사용자 또는 근로자가 다음의 어느 하나에 해당하는 행위를 하는 경우를 말합니다.
- 지위를 이용하거나 업무 등과 관련하여 성적 언동 등으로 상대방에게 성적 굴욕감이나 혐오감을 느끼게 하는 행위
- 상대방이 성적 언동 또는 요구에 대한 불응을 이유로 불이익을 주거나 그에 따르는 것을 조건으로 이익 공여의 의사표시를 하는 행위

그 밖에 「경범죄 처벌법」 제3조 제1항 제33호에서는 직접 성희롱을 정의하고 있지는 않으나 신체의 과다노출로 다른 사람에게 부끄러움이나 불쾌감을 주는 행위를 금지하고 있습니다. 또한, 성희롱이 그 정도를 넘어서 성범죄에 해당하거나 그 밖에 형사처벌의 대상이 되는 경우에는 「형법」「성폭력범죄의 처벌 등에 관한 특례법」 및 「경범죄 처벌법」에 따라 형사처벌의 대상이 됩니다.

社 생활변호사

이러한 내용을 보고도 대부분의 시민은 고개를 갸우뚱하기 마련입니다. 성희롱이 어떻게 범죄가 아니냐고 반문할 수 있습니다. 다시 말하지만, 현재로서는 법이 그렇습니다. 성희롱 가해자는 형사법으로 처벌받지 않으며 「국가인권위원회법」, 「남녀고용평등과 일·가정 양립지원에 관한 법률」, 「양성평등기본법」에는 성희롱의 정의 정도만 규정되어 있습니다. 다만 조직의 장이나 사업주가 필요하다면 성희롱 가해자를 징계할 수 있습니다. 즉, 성희롱에 대한 징계 여부를 사업주 등 조직의 관리자들이 결정한다는 것입니다.

　예를 들어 직장 회식에서 상사가 부하 직원이 수치심을 느낄 정도로 몸을 빤히 쳐다보거나 훑어보면서 불쾌하게 만들고 지나친 성적 농담을 한다면, 이는 분명히 성적 가해행위지만 성범죄로 보긴 어렵다는 것이 현재까지의 법률적 해석입니다. 이런 일이 생겼을 때 피해자가 경찰에 신고해봤자 가해자는 처벌을 받기 어렵습니다. 대신에 피해자는 회사에 가해자의 징계를 요구해야 합니다. 회사에서 사건 전반을 조사하고, 필요하면 가해자에게 징계를 내려야 하지만, 그건 조직의 윤리성에 달려 있을 뿐이죠. 실질적으로 법적 강제성이 있다고 보기는 어렵습니다.

　하지만 여기서 직장 상사가 동의 없이 강제로 직원의 몸을 만졌다면 이는 형법에서 규정한 강제추행죄에 해당하며, 행위자는 형사처벌을 받을 수 있습니다. 시선이나 언어만으로 강제추행을 인정하기 어렵다는 법의 철학이 드러나는 부분입니다. 저 역시 시선추행은 그 인정이 쉽지 않다고 생각하지만 성적 수치심을 불러일으키는 언어추행은 모욕죄가 아닌 강제추행이 인정되어야 한다고 보는데, 현행법은 거의 직접적인 신체 접촉만 강제추행으로 인정하고 있습니다.

이처럼 법이 처벌의 필요성을 인정한 성범죄는 우리의 관념과는 다소 거리가 있습니다. 모든 성적 가해행위를 처벌하는 것이 실질적으로 어렵다고 하더라도, 입법자들이 조금 더 세심하게 법을 만들었으면 좋겠습니다.

성범죄의 종류

성범죄에는 강간죄, 유사강간죄, 준강간죄, 강제추행죄, 준강제추행죄, 업무상 위력 등에 의한 간음죄, 간음 목적의 약취와 유인죄 등 여러 가지가 있습니다. 이 외에 음행매개, 공연음란, 미성년자에 대한 간음·추행, 영리 등을 위한 약취·유인, 인신매매 등도 있지만 이 책에서는 조직 내 성범죄와 밀접한 연관이 있는 부분에 대해서만 다루려고 합니다.

강간죄는 폭행 또는 협박을 수단으로 하여 사람의 의사를 제압해 간음하는 죄를 말합니다. 강간죄에서는 성기의 삽입 혹은 성기 삽입의 시도(삽입에 실패하였다면 강간 미수)가 필수적인 요건이 됩니다.

특정한 범죄에 대한 이해와 해석은 다양합니다. 물론 법이 기준이 되지만, 법조계 종사자가 아닌 이상 법보다는 사회적 윤리와 도덕, 즉 본인의 관념을 기준으로 범죄를 이해하고 해석합니다. 그도 그럴 것이, 법은 우리가 잘 알지 못하는 낯선 것이지만 우리 마음속에는 '사람의 양심'이 있고 이를 토대로 '옳다' '그르다'를 판단할 수밖에 없기 때문입니다.

보통 강간 사건이라고 하면 흔히 남자가 여자를 마구 폭행하여 저항을 못 하게 한 다음에 간음한 것 또는 흉기를 들이대어 저항을 포기하게 한 다음에 간음한 것이라 생각합니다. 하지만 이는 아주 극악한 강력범죄에 해당합니다. 대부분의 성범죄는 면식범·지인에 의해 일어나며 이렇게 과격하지도 않습니다.

또한, 저항의 정도도 사람에 따라 다릅니다. 저항의 경험은 성공의 경험과 비슷해서, 해 본 사람이 잘합니다. 대부분의 성범죄 피해자들은 '어떻게 해야 할지 몰라서' 속수무책으로 당한 경우가 많습니다. 사람이 살면서 낯선 폭력에 노출되는 경우는 생각보다 많지 않습니다. 대부분은 처음 겪는 사태에 당황하기 마련입니다. 우리가 길을 가다가 갑자기 날아든 벽돌에 머리를 맞고 쓰러지는 일이, 살면서 몇 번이나 있을까요? 성범죄의 피해자가 되는 상황은 우리가 쉽게 상상하거나 예측할 수 있는 상황은 아닙니다. 무단횡단을 하면 교통사고가 날 확률이 높은 것과는 엄연히 다른 것입니다.

　강간죄를 저지르기 위해 가해자들이 동원하는 폭력 수단을 사실적으로 구분하자면 '타격'과 '완력 제압'이 있습니다. 타격은 말 그대로 어떤 물건이나 자신의 신체를 이용하여 때려서 가격하는 것입니다. 완력으로 제압한다는 표현은 쉽게 말해 몸으로 타인의 신체를 눌러 압박하거나 꽉 잡고 있는 것을 말합니다. 보통 완력에 의한 제압은 피해자와 가해자의 지위에 차이가 있고 가해자가 사회적으로 높은 직급일 경우나 관계를 쉽게 단절할 수 없는 경우에 일어납니다. 이를테면 직장 상사와 부하 직원의 관계입니다. 굳이 남녀의 관계가 아니더라도, 남성 상사가 남성 부하 직원의 손목을 꽉 잡았을 때 부하 직원이 이를 뿌리치기 위해서는 꽤 용기가 필요하겠죠. 평소에 그런 일이 많았거나 장난스러운 상황이라면 쉽게 뿌리칠 수 있겠지만, 그렇지 않다면 부하 직원은 마음속으로 갈등하게 될 것입니다. 신체 접촉에는 심리적 메시지가 많이 담겨 있습니다. 손을 뿌리쳤을 때 일어날 불편한 상황과 사회적 관계 변화에 대해 예측해보는 것은 당연한 일일 수밖에 없습니다.

　사람들은 피해자가 성범죄를 당할 위기에 놓였을 때 크게 소리를 지르거나 급소를 가격하면 된다고 생각합니다. 저 역시 이런 사건들을 접하기 전엔 그렇게 생각했습니다. 하지만 상대적으로 체구가 크고 사회적 지위도 높은 사람이 갑자기 몸으로 제압하게 되면 피해자는 당황하게 됩니다. 피해자는 아무것도 생각할 수 없게 됩니다. 평소에 대처

　　　　　　　　　　　　　　　社 생 활 변 호 사

법을 배워 놨다 해도 바로 생각나지 않습니다. 이보다 훨씬 가벼운 예로, 길을 가다가 모르는 사람이 갑자기 뒤통수를 치고 달아나도 다들 당황하게 됩니다. 피해자는 일단 이 상황이 무슨 상황인지 파악하려고 노력합니다. 상황을 파악하는 데도 일정 시간이 걸린다는 말입니다.

특히 조직 내 성범죄의 경우, 피해자는 지금의 성범죄 상황이 종료되더라도 가해자와 계속 대면하게 될 가능성이 큽니다. 피해자는 도망치거나 극렬하게 저항하기보다는 어떻게든 가해자를 설득해 이 위기를 모면하려고 합니다. 이미 깊이 형성된 사회적 관계가 있기 때문입니다. 거부할 수 없는 상하 관계에 익숙해져 있기도 합니다. 피해자는 가해자를 설득하면 이 상황을 빠져나갈 수 있을 것으로 판단하죠. 가해자를 밀쳐내기는 하지만 크게 가격하는 경우는 드뭅니다. 피해자는 설득을 넘어서 거의 애걸합니다. 타격이 아닌 완력에 의한 제압에서 격렬한 반항은 쉽지 않습니다. 가해자로부터 신체를 제압당한 피해자는 어느 순간 반항을 포기하게 되기도 합니다. 가해자는 이를 성관계에 동의한 것으로 판단합니다만, 그렇지 않습니다. 동의해서 포기하는 것이 아닙니다. 피해자는 의사를 제압당한 것입니다. 원치 않는 상대로부터 성관계를 강요받는 것입니다. 아무리 반항해도 이길 수 없다는 생각이 들 때 피해자는 저항을 포기하게 됩니다.

조직 내 성범죄에서는 물리적 폭력을 가하는 것보다 말로 협박하는 것이 가장 큰 위협이 됩니다. '내 말을 듣지 않으면 가만두지 않겠다'는 것이 말로 하는 협박, 위협이죠. 강도강간은 흉기를 써서 상대방을 쓰러뜨리지만, 조직 내 성범죄는 사회적 관계에 의한 억압을 이용하게 됩니다. 굳이 '내 말을 듣지 않으면 가만두지 않겠다'고 말하지 않아도, 피해자는 가해자의 요구에 따르지 않으면 어떻게 될지 뻔히 알고 있습니다.

친족에 의한 성폭행도 이와 같은 유형이라 볼 수 있습니다. 가족·친척 집단도 일종의 조직이니까요. 사실 양육자는 피 양육자의 생사여탈권을 쥐고 있습니다. 양육자가 마음먹기에 따라 피 양육자를 죽이거나 때리거나 다치게 할 수 있습니다. 친아버지가 친딸을 성폭행하는 경우가 있습니다. 친딸은 성관계에 동의해서 저항을 포기하는 것일까요? 그렇지 않습니다. 아무리 저항해도 아버지로부터 벗어날 수 없다는 걸 알기 때문에 제압당하는 것입니다. 조직 내 성범죄가 일어나는 위력의 관계에 대해서는 뒤에 보다 자세히 설명 드리겠습니다.

유사강간죄의 경우 과거에는 강제추행죄로 인정되었지만, 2012년 12월 18일 형법이 개정되면서 새로이 그 범위가 정해진 범죄입니다. 위에 적은 대로 강간은 성기의 삽입, 즉 간음을 기준으로 합니다. 반면에 유사강간은 폭행 또는 협박으로 사람에 대하여 ① 구강, 항문 등 신체(성기는 제외한다)의 내부에 성기를 넣거나 ② 성기, 항문에 손가락 등 신체(성기는 제외한다)의 일부 또는 도구를 넣는 행위를 의미합니다. 법정형은 징역 2년 이상(강간의 경우 3년 이상의 징역, 강제추행의 경우 10년 이하의 징역)으로 강간죄보다 약하게, 강제추행죄보다 엄하게 처벌됩니다. 즉 성기의 결합은 아니지만, 성기와 관련된 추행죄는 강간과 유사하게 보아서 엄히 처벌하는 것이지요.

참고로 남성도 강간죄의 피해자가 될 수 있습니다. 남성이 여성의 폭행, 협박 등으로 의사를 제압당해 간음을 당한다면 이는 강간 피해이고, 남성이 다른 남성으로부터 폭행, 협박 등으로 의사를 제압당해 구강성교를 당한다면 이는 유사강간 피해입니다. 한편 여성의 경우 강제로 간음을 당한다면 강간, 구강성교를 당한다면 유사강간, 여성의 성기에 강제로 가해자의 손가락이나 신체를 삽입 당했다면 이 역시 유사강간 피해입니다.

준강간죄는 현실에서 가장 많이 일어나는 유형의 강간입니다. 술에 만취하는 등 정신을 잃은 사람, 저항이 불가능한 사람에 대한 간음행위가 준강간입니다. 피해자가 심신상실, 항거불능의 상태이기 때문이죠. 이 준강간은 드라마나 영화에서 미화되어 나오기도 합니다만, 분명히 범죄행위입니다.

뒤에 자세히 기술하겠지만 이 준강간죄는 흔히 일어나고 그 유형이 대부분 비슷합니다. 흔히 같이 술을 마시는 것과 술에 취하는 것이 상대방에 대한 호감에서 비롯된다고 생각하는 경향이 있습니다. 더 나아가 자기와 성관계를 하려고 부끄러움을 숨기기 위해 만취한다고 착각하기도 합니다. '술에 취하는 것'과 '성관계에 대한 동의'를 자연스럽게 연결하는 이런 사고방식이 어디서 생겨난 건지 잘 모르겠습니다.

게다가 이러한 준강간 피해자는 주위 사람들에게 2차 피해를 당하기도 합니다. 왜 가해자와 단둘이 술을 마셨느냐, 왜 몸가짐을 바르게 하지 못했느냐, 강간의 여지를 준 것이 아니냐는 비난이 이어집니다. 피해자도 사건 후 스스로 이런 비난을 예측하고 죄책감을 느낍니다. 저는 이런 점이 가장 안타깝습니다. 피해자가 스스로 술에 만취해 의식을 잃었다 해도 당연히 보호받아야 합니다.

길거리에 교통사고로 쓰러져 의식을 잃은 사람이 있습니다. 그런 사람을 데려다가 간음한 자가 있다면 모두 그자를 맹렬히 비난할 것입니다. 그런데 유독 술 마시고 정신을 잃은 사람은 간음해도 된다고 생각하는 이상한 분위기가 있습니다. 너무나 안타까운 일입니다. 술에 취해 쓰러진 사람은 심신상실 상태이기 때문에 거부 의사조차 표현하지 못합니다. 그런 상태에서 강간당한 것이 피해자의 잘못은 아닙니다. 피해자는 자책하지 말고 전문가와 상담하고 피해 사실을 명확히 밝혀 가해자가 처벌받도록 해야 합니다.

강제추행죄는 폭행 또는 협박을 수단으로 하여 사람의 의사를 제압해 추행하는 죄를 말합니다. 추행은 '성기와 무관한 성적 접촉행위'로 규정할 수 있습니다. 유사강간죄가 규정되기 전에는 성기 결합 외의 성적 접촉을 모두 추행으로 보았습니다. 유사강간죄가 규정된 지금은 추행을 성기와 무관한 성적 접촉으로 규정하는 것이 더 정확해 보입니다. 한편, 기습추행은 추행 행위 자체가 폭행이 되는 것인데, 상대방이 방심한 틈을 타서 추행하는 그 행위 자체로도 강제추행죄가 성립됩니다.

준강제추행죄는 사람의 심신상실 또는 항거불능의 상태를 이용하여 강제추행하는 범죄입니다. 의식을 잃은 사람에게, 혹은 여타의 사유로 항거 자체가 불가능한 사람에게 성기 이외의 성적 접촉을 하는 행위가 되겠습니다. 준강제추행죄 역시 강제추행죄와 같은 처벌을 받습니다. 참고로 준유사강간죄도 있습니다.

업무상 위력 등에 의한 간음죄는 업무, 고용 기타 관계로 인하여 자기의 보호 또는 감독을 받는 사람에 대하여 위계 또는 위력으로써 간음한 것을 말합니다. 여기서 위계(僞計)란 상대방을 착오에 빠트려 정상적인 성적 의사 결정을 못 하게 하는 것을 말하고, 위력(威力)은 폭행과 협박은 물론 자기의 지위나 권력을 통해 상대방의 의사를 제압하는 행위를 가리킵니다. 물론 지위나 관계와 무관하게 상대방의 의사를 제압할만한 폭행과 협박이 있었다면 이 죄가 아닌 강간죄가 적용됩니다.

2019년 9월 9일 대법원에서 유죄가 확정된 안희정 전 충남도지사의 비서 성폭행 사건에 이 업무상 위력 등에 의한 간음죄가 적용되었습니다. 안 전 지사는 직접 비서를 폭행하거나 협박하지는 않았습니다. 그랬다면 당연히 강간죄로 처벌되었겠죠. 법원은 안 전 지사가 자신의 권세를 이용해 피해자의 성적 자기 결정 의사를 굴복시켰다고 보았습니다. 차기 대권 주자였던 안 전 지사의 막강한 실질적 권세가 성범죄의 도구가 되었다고 본 것이죠.

위력에 의한 간음죄는 명백한 성범죄이고 성폭력이지만 엄밀한 의미에서 형법에서 말하는 강간죄가 아닙니다. 그래서 죄명도 간음죄입니다. 강간과 달리 물리적 힘으로 어떤 형태를 갖추어 폭력을 행사하거나 강력한 협박을 하지 않고 지위나 관계를 이용하여 간음하기에 그렇습니다. 실제로 증거가 남는 폭행이나 협박이 없으니 피해자로서는 자신의 성적 결정권이 침해되었다는 점을 증명하기 어렵고, 설사 피해자와 가해자를 촬영한 영상 등의 증거가 있어도 '이것이 위력을 행사한 것이다'라고 얘기하기 어렵습니다. 따라서 피해자로서는 지위나 권력에 의해 의사가 제압되어 간음당할 수밖에 없었음을 입증하는 것이 만만치 않습니다.

위력은 일반적으로는 '지위의 높고 낮음'에서 오기 때문에, 누가 봐도 명백히 권력을 이용해 부하 직원을 심리적으로 제압하는 것입니다. 여기서는 부하 직원이 싫다는 의사 표현을 할 수 없도록 위압적으로 대하는 상황을 범죄 성립의 중요 요소로 봅니다. 말하자면 '거부할 수 없는 권력 관계'라고 말할 수 있습니다. 하지만 위에서 말했듯이, 물리적 유형력이 없기 때문에 위력의 행사를 밝히기가 어렵습니다. 누가 봐도 위력이 있었다고 생각할 만한 경우가 아니면 이 범죄는 증명하기가 매우 어렵습니다.

'누가 봐도 알겠다'라는 말은 일반인이 사회적으로 가늠할 수 있는 정황을 말합니다. 딱히 명확하게 표현하기는 어렵지만, 굳이 구체적 언어로 말하지 않아도 알 만한 것들이 있지 않습니까? 그런 상황은 성범죄 외 여러 경우에도 적용되는데요, 문제는 이것을 어떻게 법정에서 증명하느냐는 것입니다.

구체적으로 말하면 이런 겁니다. 예를 들어, 어떤 회사의 회식 자리입니다. 사장님이 입사한 지 일주일 된 신입사원의 눈을 맞추며 술을 따라줍니다. 그러면서 이렇게 말합니다.

"술 잘 마시는 사람이 일도 잘하지. 오늘 실컷 마셔! 그리고 내일 정시에 출근하는지 내가 지켜볼 거야."

그러면서 술잔을 가득 채워주고는 다른 데로 눈을 돌리지 않고 술병을 든 채 신입사원을 바라보고 있습니다. 이런 경우 신입사원은 보통 어떻게 하나요? 사장님이 보고 있으니 그 자리에서 다 마십니다. 그리고 다음 날 지각하지 않기 위해 눈을 부릅뜨고 술에 취하지 않으려고 최선을 다하게 됩니다. 여기서 사장님이 "내 말대로 하지 않으면 가만두지 않겠어"라고 말하지 않아도 신입사원은 구체적으로 표현하기 어려운 위협을 느끼는 것입니다.

안희정 전 지사는 막강한 권력자였습니다. 그런데도 1심은 안희정 전 지사가 위력을 행사하지 않았다고 판단했습니다. 이처럼 안희정 전 지사의 지위에도 위력이 인정되지 않았는데, 동종 범죄의 다른 사건 피해자들은 자신의 의사가 제압당했다고 주장하기조차 힘들 것입니다. '위력에 의해 자유의사가 억압된 피해자'라는 정의도 내리기 어렵지만, 이런 상황을 겪은 사람은 피해를 입증할 수 있어도 막상 신고하기가 어렵습니다. 가해자가 대부분 피해자의 사회적 생존권을 쥐고 있기 때문입니다. 직장 상사를 신고했다가 자칫 생계를 잃을 수도 있습니다. 신고하는 것도 큰 용기가 필요한 일입니다.

입증하기도 어렵고 신고하기도 어려우나 본 죄를 규정한 것처럼 우리 형사법은 분명히 이런 상황이 존재한다고 밝히고 있습니다. 왜 그럴까요? 지위를 이용해 상대적 약자를 간음한 사람 중에 물리적 유형력, 즉 직접 때리거나 몸으로 누르는 짓은 하지 않았지만 피감독자의 성적 자기 결정권을 침해한 자들이 존재하기 때문에 이들을 처벌하기 위해서입니다. 비록 이런 죄의 형량이 강간, 준강간 등의 범죄보다 낮다 하더라도 이는 분명한 성범죄입니다. 이런 상황을 겪고도 신고하지 못한 케이스를 뒤에 말씀드리겠습니다.

가해자들은 가해행위가 알려지거나 처벌받기 전까지는 자신의 행동을 전혀 반성하지 않고 습관적으로 계속합니다. 가해자들은 표적이

된 피해자들을 계속 괴롭히고, 피해자가 자기 영역을 벗어나면 다른 타깃을 설정해 공격을 계속합니다. 가해자는 피해자가 자기를 거스르지 못할 것을 알고 있습니다. 피해자는 가해자의 영역에서 눈에 띄는 한 계속 괴롭힘을 당할 수 있습니다. 피해자는 법적으로 증명할 수 있는 증거를 확보하는 데 최선을 다하여 꼭 신고하기를 권합니다.

간음 목적의 약취와 유인죄는 간음을 목적으로 피해자를 자기 또는 제3자의 실력적 지배하에 두어 자유를 침해하는 범죄를 말합니다. 약취(略取)는 폭행이나 협박 따위의 수단으로 타인을 자기의 실력적 지배 아래 두는 것입니다. 상대방을 폭행하거나 협박해서 자기 말을 듣게 만드는 것을 말하죠. 유인은 기망 또는 유혹으로 상대방을 실력적으로 지배하는 것입니다. 기망(欺罔)은 기만(欺瞞)과 같은 말인데, 법률적으로 기만보다 기망을 많이 씁니다. 남을 속이거나 유혹해서 꼬드겼다는 말입니다.

예를 들어, 가해자가 같이 출장을 가자고 해서 왔습니다. 그리고 가해자가, 이곳이 회사에서 정해준 숙소라며 입장을 유도합니다. 그런데 가해자가 처음부터 업무가 아닌 간음을 목적으로 했다는 게 증명되면, 바로 '간음 목적의 유인'이 됩니다.

여기서 다시 짚고 넘어갈 것은, 간음에 이르지 못하였어도 간음을 시도했느냐의 판단을 법으로 해석한다는 겁니다. 법에서는 간음 목적으로 유인했는가, 즉 간음의 목적이 있었는가를 가장 중요하게 봅니다. 물론 증명이 어렵겠지요. 실제로 간음 목적 유인으로 처벌되는 경우는 극히 드뭅니다. 가해자가 간음의 목적을 가졌다는 내심을 입증하는 것이 무척 어렵기 때문입니다. 정황적인 증거들로 입증할 수밖에 없습니다.

참고로 대법원은 약취에 관하여 "피해자를 그 의사에 반하여 자유로운 생활관계 또는 보호관계로부터 범인이나 제3자의 사실상 지배하에 옮기는 행위를 말하는 것으로서 폭행 또는 협박을 수단으로 사용하는 경우에 그 폭행 또는 협박의 정도는 상대방을 실력적 지배하에 둘 수 있을 정도면 족하고 반드시 상대방의 반항을 억압할 정도의 것임을 요하지 않는다"라고 보고 있습니다. 즉, 매우 가벼운 폭행·협박으로도 성립할 수 있는 범죄라는 것이죠.

사실 이러한 성범죄들도 입증이 어려운데 형사처벌의 대상이 되지 않는 성희롱 등은 더욱 입증이 어렵습니다. 형사처벌의 대상이 되지 않으니 수사기관에서 증거를 수집해 주지도 않고 조사도 하지 않아 당사자가 직접 증거 수집을 해야 하기 때문입니다. 또한, 직장 내에서 겪는 억울한 성희롱과 성추행은 법적 처벌 대상에서 벗어나 있기도 하고 직장 내 징계 정도에 그칩니다. 그 역시도 그 집단 내 관리자의 의지에 따라 결정되는 편입니다. 오히려 조직에서 조직적으로 사건을 은폐하려 하는 경우도 있습니다.

2

조직 내 성범죄가 발생했다

....•••

취업난 최악이라는 시대입니다. 누구나 취업이 어렵습니다. 젊은 세대의 신입직원은 뽑는 곳도 적고요.

취업에 성공한 이들은 남들보다 더 열심히 일할 준비가 되어 있습니다. 막상 직장인이 되어 보니 스스로 부족한 게 많다고 느끼게 됩니다. 직장에 잘 적응하고자 노력하고 사람들에게도 공손하게 굽니다. 특히 선배들의 유능한 모습을 보면서 선배들을 선망하게 됩니다. 그들에게 일 잘하는 직원으로 인정받으면 더 많은 것을 배울 수 있을 거라고 느낍니다. 서툴고 어설프지만, 잘하고 싶은 열정이 넘치고, 상사로부터 인정받고자 애씁니다. 그러다 보니, 자기 페이스를 조절하는 데 실패하고 상사가 원하는 대로 끌려 다니기 쉽습니다. 사회초년생들이 갖는 공통점들입니다.

또한, 비슷한 일을 하는 것 같아도 하루의 스트레스는 각자 다릅니다. 스트레스를 관리하고 이에 대처하는 법을 배워나가는 시기인데,

社생활변호사

스트레스 해소법도 대부분 선배에게 배웁니다. 술로 스트레스를 푸는 상사들에게 둘러싸여 있으면 새내기도 그렇게 되곤 합니다.

모든 이야기엔 복선이 있다

이 책에서는 조직 내 성범죄 중에서 일곱 개의 사례를 주로 다룰 예정입니다. 일곱 개의 각 사례는 조직의 특성을 반영해 지칭하겠습니다.

이 책은 조직 내 성범죄를 주로 다루고 있는데, 조직 내 성범죄를 특정한 개인의 일탈로만 보기는 어렵습니다. 조직 내 성범죄에는 분명히 그 조직의 특성이 드러난다고 봅니다. 조직 내 성범죄는 단지 범죄가 발생한 조직(회사)만의 문제가 아니며, 그 회사가 속한 업계, 더 나아가 그 회사가 속한 사회 전반의 문제를 보여줍니다.

사례 2번부터 7번까지는 조직명과 가해자의 직책을 붙여 명명하고, 사례 1번은 특수한 경우라 조직명만 붙이기로 합니다.

사례 1. 중견 기업

A 씨는 중견 기업에 입사해 교육을 받던 기간에 황당한 일을 당했

습니다. 같이 입사한 남자 동기가 식당 화장실에서 A 씨를 몰래 촬영한 것입니다. 화장실에서 용변을 보는데 이상한 느낌이 들어 위를 올려다보니 칸막이 위로 넘어온 남자의 손과 휴대전화가 보였습니다. 깜짝 놀라 뛰쳐나갔더니, 촬영자는 이미 도망친 후였습니다. 동기들이 나서서 촬영자를 찾았고, CCTV를 확인하려 하자 그제야 가장 적극적으로 촬영자를 찾던 동기가 사실은 자신이 장난으로 사진을 찍었다고 했습니다. 게다가 그 동기는 아무 일도 아니라는 듯이 웃기까지 했습니다.

이 '몰카' 사건을 받아들이기 힘들었던 A 씨는 당사자에게 따져 물었습니다. 가해자는 장난이었다며 사과했고, 다른 동기들도 별일 아니라는 식으로 넘어갔습니다.

A 씨는 이 일을 상부에 알리면 많은 사람이 불편해질 것으로 생각했습니다. 자기만 참고 넘어가면 모두 평화로울 것이라 생각했지요. 남들은 괜찮다는데 혼자 문제 삼으면 회사에서 탐탁지 않아 할 것 같았습니다(사실 A 씨는 이 회사의 경영철학을 좋아해 꼭 이 회사에 입사하고 싶어 했고, 그런 만큼 대학 시절 이 회사에 취업하기 위해 최선을 다해 준비했습니다). A 씨는 불쾌한 일이긴 하지만 엄청난 피해까지는 아니라고 생각했습니다. 물리적으로 몸을 만지거나 접촉하지 않았고 때리거나 힘으로 제압하지도 않았으니까 그냥 넘어갈 수도 있다고 생각했습니다.

내적 갈등이 계속되었습니다.

며칠 동안 끙끙 앓으며 고민한 A 씨는 결국 경찰에 신고하기로 결심했습니다. 수사가 시작되자 A 씨는 진술을 위해 경찰서에 가야 했습니다. 출근을 할 수 없기 때문에 직속상사에게 사건을 알릴 수밖에 없었죠. 직속상사는 평소 신입사원들에게 무척 엄했는데 A 씨가 자초지종을 털어놓자 A 씨를 친절하게 배려해줬습니다. 경찰서에 갈 때 차로 데려다주기도 했고, A 씨를 가해자와 분리하는 세심함도 보였습니다. 평소 도가 지나칠 정도로 막말을 하던 상사라 두려웠는데 사건을 대하며 자기에게 친절하고 상냥한 모습을 보이자 A 씨는 직속상사를 믿게 되었습니다. A 씨는 마음속으로 직속상사에게 깊이 고마워했습니다.

가해자인 동기는 수사 끝에 재판에 회부되어 형사처벌을 받았습니다. A 씨는 험한 일을 겪었지만 굴하지 않고 회사에 남으리라 결심했습니다. 직속상사이자 책임자였던 선배는 A 씨를 위로하며 가끔 메시지를 보내 안부를 물었고 A 씨가 회사 생활에 잘 적응하도록 적극적으로 도왔습니다.

사례 2. 대형은행 노조 간부

대형은행에 근무하던 B 씨는 어느 날 직장의 노조 간부와 술을 마셨습니다. 이런저런 일로 이야기할 것도 있었고 평소에도 간혹 동료들과 술을 마시던 터였습니다. 그날은 많이 취했습니다. B 씨는 원래 주량이 센 편이 아니었습니다. 다만 직장 상사이자 노조 간부인 선배와의 술자리였습니다. 늘 정의로운 일에 앞장서는 멋진 선배 앞이라 걱정은 하지 않았습니다. 마음속 이야기까지 나누며 술을 꽤 많이 마셨습니다. B 씨는 술자리 끝이 기억이 나지 않았습니다.

사례 3. 신용카드회사 팀장

C 씨는 신용카드회사의 계약직 사원(위촉판매원)인 20대 직장인입니다. 관리직인 팀장 등 상사 2명과 다른 사원 한 명과 함께 늦게까지 술을 마셨습니다. 일행은 자정을 넘겨서까지 술자리를 같이하다가 C 씨의 집에 가서 술을 더 마시게 되었습니다. 이들은 C 씨가 혼자 살고 있으니 집에서 마시기 편하고, 여성인 C 씨의 귀갓길을 걱정하지 않아도 되지 않느냐며 C 씨의 집으로 가자고 강권했습니다. C 씨는 탐탁지 않아 집 안으로 먼저 자리를 피했지만, 이들은 C 씨의 집 문을 계속 두드렸습니다. C 씨는 하는 수 없이 이들을 집 안으로 들였습니다. 팀장은 집에 들어오자마자 C 씨의 침대에 누워 잠들어버렸습니다. C 씨와 사원은 팀장이 잠들자 다른 상사의 요구로 함께 술을 더 마셨습니다. 상사와 사원은 술에 취해 집으로 돌아갔고, C 씨는 여전히 자고 있는 팀장과 집에 단둘이 남게 되었습니다. C 씨도 술에 만취해 의식이 몽롱했습니다. C 씨는 습관대로 자기 침대에 올라가 정신을 잃고 곯아떨

社 생 활 변 호 사

어졌습니다. 그 침대에는 팀장도 누워있었습니다.

사례 4. 인테리어회사 사장

D 씨는 인테리어회사에 취업한 신입사원입니다. 회사에 다녀 보니 다른 업종에 비해 회식이 잦은 편이었습니다. 친구들에게 물어보면 다른 회사들은 이 정도는 아니라고 했습니다. D 씨는 불편했지만, 이 역시 업종의 특성이고 회사에 잘 적응하기 위한 기회라고 생각해 회식 자리에 빠짐없이 참석했습니다. 선배들도 모두 참석하는 자리가 많았고, 회식 자리에서 오고 가는 이야기도 사사로운 이야기보다 일에 관한 이야기가 많았습니다. 선배들의 무용담을 들으면 업무에 대한 노하우와 힌트도 얻을 수 있었습니다. D 씨는 집에 일찍 가고 싶은 마음이 굴뚝같아도 그만큼 얻어가는 게 있다고 생각해 늘 자리를 지켰습니다. D 씨의 주량은 소주 한 병 정도. 무리하지 않기 위해 술잔을 드는 속도를 조절하곤 했습니다.

사건이 있던 날도 회식이 있었습니다. 평소 D 씨에게 칭찬과 격려를 아끼지 않던 사장도 참석한 자리였습니다. 그날 D 씨는 사장이 참석해서 그런지 더 긴장했고, 속도 조절에 실패했는지 과음했습니다. D 씨는 부지불식간에 취해버렸고, 드문드문 기억이 나지 않았습니다.

사례 5. 대학교 동아리 선배

학교에도 비슷한 경우가 있습니다. 대학에는 선후배 간의 위계질서가 있습니다. 위계(位階)는 위력을 동반하기도 합니다. 권력을 가진 사람들이 경험이 부족한 사람들을 잘 돌봐주면 좋으련만, 여러 조건이 맞아떨어질 때 범죄가 발생합니다.

모 대학에 재학 중인 20대 초반의 E 씨, 개강 총회에서 오랜만에 학과 동기와 선후배들과 술자리를 갖고 즐거운 시간을 보냈습니다. 새벽 2시에 총회와 회식이 끝났고 다시 술자리가 이어져 다른 주점에서 새벽 4시까지 술을 마셨습니다. E 씨는 학교 근처에서 자취하고 있었습니다. 근처에 사는 선배가 E 씨를 집까지 데려다주기로 했습니다. 선배는 술에 만취한 E 씨를 부축하여 E 씨의 자취집까지 데려다줬고, 선배는 비밀번호를 누르고 집 안으로 들어가는 E 씨의 모습을 확인하고 돌아갔습니다.

사례 6. 금융회사 상사

여의도의 금융회사에 갓 취업한 F 씨. 신입사원의 통과의례라 할 수 있는 회식에 참석했습니다. 신입사원이 술을 사양하면 안 된다는 선배와 동료들의 강권이 이어졌습니다. 상사는 술을 거부하는 F 씨에게 "요즘 사람들, 회사생활 태도가 너무 안이해"라며 대놓고 불쾌해하며 질책했습니다. F 씨는 주량을 훨씬 넘겼는데도 어쩔 수 없이 선배들이 주는 술을 받아 마셨습니다.

사례 7. 일반회사 동료

　품위 있는 외모에 털털한 성격의 G 씨는 직장 동료들에게 인기가 많았습니다. 서유럽에서 학창시절을 보낸 그녀는 이성들과 친구로 잘 지냈고, 회사의 남자 동료와 일 얘기를 하면서 술 한잔 기울이는 것을 꺼리지 않았습니다. 집에 이성 친구들을 초대해 시간을 보내는 것도 자연스러운 일이었습니다. 어느 봄날, 팀원들과 함께 그녀의 집을 방문했던 직장 동료가 집 근처라고 연락을 해왔습니다. 근처에 일이 있어 들렀다가 생각나서 전화했다고 했습니다. G 씨는 집 근처에 온 직장 동료가 전화까지 해온 터라, 가벼운 마음에 만나 집 근처 술집에서 가볍게 맥주를 마셨습니다. 적당히 취기가 오르고 난 후 "2차는 너의 집에서 하자"라는 동료의 제안에 별생각 없이 집에서 같이 맥주를 더 마셨습니다.

[이 책에 등장하는 사례 분류]

	조직	가해자	피해자	2차 피해
사례 1	중견 기업	1차 – 동료 2차 – 직속상사 3차 – 총괄팀장	신입사원	악성 댓글
사례 2	대형은행	노조 간부	신입사원	무고죄 역고소
사례 3	신용카드회사	팀장	계약직 사원	악성 댓글 무고죄 역고소
사례 4	인테리어회사	사장	신입사원	가해자 측의 지속적 합의 요구
사례 5	대학교	동아리 선배	후배	없음
사례 6	금융회사	상사	신입사원	회사 내 소문
사례 7	일반회사	동료	동료	평소 여러 이성과 친구로 지낸 점이 문제시 되어, 여러 차례 조사 받음

이것이 성범죄다

앞에서 기술한 일곱 가지 사례를 다시 보겠습니다. 이는 성범죄가 일어나기 직전의 상황들만 뽑아 적은 것입니다.

피해자들은 여성으로 대부분 20대이거나 하위직급, 신입사원, 계

社 생활변호사

약직 사원 등의 지위에 있습니다. 가해자들은 남성으로 관리직이거나 팀장, 상사 등 직장 내에서 피해자의 생사를 좌우할 수 있는 권력을 가졌습니다. 가해자들은 대부분 자신이 권력자가 아니라고 생각하지만, 그것은 조직 내 다른 상사들과 비교해 스스로 그렇게 느끼는 것입니다. 피해자의 입장에서는 그렇지 않습니다. 가해자들이 인지하지 못하는 부분이 바로 이것입니다. 권력은 상대적인 것이지 절대적인 것이 아닙니다.

여기서 우리는 성범죄와 성희롱을 구분해야 합니다. 사법체계에서 처벌을 받을 수 있느냐 아니면 권고에 그치느냐로 나눠보도록 하죠. 위에 설명한 사례 외에도 몇 가지 상담사례가 있습니다.

대형 마트에서 근무하는 40대 여성이, 팀장이 자꾸 성적 요구를 한다며 상담을 해왔습니다. 이 분은 자기의 가족관계 등을 밝히지 않았습니다. 이 분은 성폭행이 일어난 것은 아니지만 팀장이 성 상납을 요구하고 있으며, 이를 거부할 경우 불이익을 받을 것 같다고 말했습니다. 내담자를 괴롭히는 팀장은 인사권을 쥐고 있었습니다. 인사고과도 그가 결정합니다. 마트의 경우 분야별 업무 강도가 천차만별이라서 팀장이 업무 배치를 어떻게 조정하느냐에 따라 노동 강도가 달라집니다. 팀장이, 요구를 들어주지 않으면 자꾸 어려운 곳으로 보내겠다고 협박하기도 하고, 실제로 그러기도 한다는 것입니다. 팀장은 내담자의 생사여탈권을 쥔 채 협박을 하고 있는 것이지요. 이 여성은 이 상황을 경찰에 알리면 도움을 받을 수 있는지 알고 싶어 했습니다. 하지만 안타깝게도 위력이나 폭력에 의해 성범죄를 시도하지 않은 상태에서 성희롱과 성적 요구만으로 가해자를 처벌할 수 있는 규정은 없습니다(강간의 미수는 가능할 수 있으나 현실적으로 처벌이 쉽지 않습니다). 조직 내부에서 해결해야 하므로 상부에 보고하여 조직 내 윤리규정에 따라 처리하는 방법밖에 없습니다.

어느 중년 여성은 골프장에서 근무하다 실제로 불이익을 받은 케이스였습니다. 골프장 임원이 자꾸 성적 요구를 해온다고 했습니다. 더러 성추행과 성희롱도 일어났으나, 그 임원은 고위직이고 자신은 비정규직에 불안정한 고용조건이기 때문에 어쩔 수 없었다고 했습니다. 내담자는 이런 상황을 계속 피해 왔으나 결국 임원의 요구에 응하지 않자 해고를 당했습니다. 상사의 부당한 요구를 들어주지 않아 억울하게 생계에 타격을 입은 것입니다. 이 분은 이에 관해 법적으로 처벌이 가능한지 알고 싶어 했습니다. 이에 대한 증거자료가 필요한데, 명확한 추행이 있었는지를 입증할 방법이 없었습니다. 성희롱과 성추행은 위력과 폭력이 동반되었다고 증명하지 않는 이상 징계나 형사처벌까지 진행하기 어렵습니다. 이 분은 다른 직장을 구하기도 어렵고 지역이 좁아 소문나는 것도 곤란하다며 상담 고맙다는 말로 통화를 마쳤습니다.

이 두 가지 사례와 비슷한 상담은 비일비재합니다. 제조업이나 유통업 등의 분야에서 작은 기업체일수록 교묘하게 피해자들을 괴롭히는 관리직원들이 있습니다. 작은 회사는 관리직원이 인사권과 의사결정권을 동시에 쥐고 있는 경우가 많습니다. 작은 조직일수록 그들이 무소불위의 권력을 휘두르기 쉽습니다. 법무팀이 아예 없고 직원윤리 교육을 실시하지 않는 곳도 많습니다.

또한, 남성이 많은 직장일수록 군대식 문화, 남성 본위의 문화가 팽배해 있습니다. 남성 중심 문화가 꼭 부정적인 것은 아닙니다만, 회식이 잦고 술을 마셔야 대화가 되는 문화가 생기기 쉽습니다. 예를 들어 이런 식입니다. 조직 구성 면에서 보면 나이 많은 남성들이 관리직이자 정규직이고 의사 결정권을 가지고 있습니다. 반면에 나이 어린 여성들이 비정규직의 고용형태를 유지하면서 책임도가 높지 않은 업무를 맡습니다. 술을 마시며 하루의 스트레스를 풀고, 회식을 자주 합니다. 회식이 노래방에서 마무리되고, 노래방에서 블루스타임을 갖기도 합니다. 남성 관리자들은 맘만 먹으면 권력을 휘두를 수 있는 위치에 있습니다. 어떤 제재장치도 없는 조직이 허다합니다.

이런 곳에서 지속적으로 성희롱을 당하거나 강제추행을 겪은 이들이 가끔 전화 상담을 요청해옵니다. 대부분 명백한 증거가 없고 처벌할 법적 근거가 부족합니다. 전화 상담을 하면서 주저하는 것이 느껴집니다. 깊은 고독도 전해집니다. 긴 상담 끝에 고마웠다며 작은 선물을 보내시는 분들도 있습니다. 회사를 그만뒀다는 소식을 같이 전해옵니다.

저는 이 사람들이 명백히 범죄를 저지르고 있다고 확신합니다만, 현행법으로는 처벌할 방법이 묘연합니다. 고의로 사람을 괴롭히는 악한들은 분명히 존재합니다.

대신, 피해자들은 어떤 일이 있더라도 자책하지 않았으면 좋겠습니다. 성범죄는 피해자의 잘못으로 일어나는 게 아니라는 점은 아무리 강조해도 과하지 않습니다.

3

돌이킬 수 없는

　　　　• • • • • • •

　　앞에서 언급한 사례들은 제가 맡았던 사건의 피해자들을 당사자로
하여 만든 가공의 사례들입니다. 당사자를 추정할 수 있을 가능성을
최소화하기 위해서입니다.

　　이들은 모두 조직 내 성범죄의 피해자들입니다. 어떤 사건은 언론
을 통해 이미 대중에게 많이 알려져 있습니다. 세상에 알려진 사건들
은 모두 2차 피해까지 일어났습니다. 일어나지 말았어야 할 일이지만,
이미 일어난 일에 대해 제가 할 수 있는 일은 최대한 피해자를 보호하
고, 가해자를 법정에 세우고, 피해자가 사건에 대한 사과를 받고 최소
한이라도 보상을 받을 수 있게 하는 것입니다.

　　사례 1번 중견 기업 케이스에서 A 씨는 이미 '몰카' 사건으로 큰 충
격을 받은 뒤였습니다. 그는 이 사건에 발 벗고 나서서 격려해주고 경
찰 조사에 임할 수 있도록 도와준 직속상사에게 고마움을 느꼈습니다.

게다가 직장에서 인정받는 선배의 모습에 존경심까지 생겼답니다.

A 씨는 애초 두 달간의 교육을 잘 마치면 수습사원으로 지방 영업 부서에 발령이 날 예정이었습니다. 동기들도 전원 영업부서로 발령 날 예정이었습니다. 그런데 교육 기간이 끝났을 때 직속상사가 A 씨를 따로 불렀습니다. A 씨를 회의실로 데리고 가더니 본사에서 근무하게 되었다고 통보했습니다. A 씨는 집 근처 근무를 목적으로 교육을 받은 터라 본사 근무에 자신이 없었지만, 회사에서 자기를 배려하고 인정해 준다는 생각이 들어 무척 기뻤습니다. 집에서 본사까지 거리가 꽤 멀었지만 그래도 그 정도는 감수할 수 있다고 생각했습니다.

A 씨와 동기들은 대학 졸업을 앞둔 상태에서 학교와 회사의 산학 협력 프로그램을 통해 교육을 받으러 온 것이었습니다. 따라서 A 씨와 동기들은 일반 공채직원들과 다른 대우를 받았다고 합니다. 직속상사는 교육 기간에 공채직원들과 A 씨 동기들의 학벌을 비교하며 무시하기도 했습니다. 이런 상황에서 직속상사가 A 씨를 선발해 본사로 발령을 냈으니 A 씨는 자신의 노력을 인정받았다고 생각했고 애사심도 깊어졌습니다.

사건 이후 다른 동기들은 모두 지방으로 발령을 받았고 A 씨만 본사에 남았습니다. 낯설고 어색한 환경이었습니다. 게다가 신입사원 교육 때 범죄 피해자가 되었던 A 씨는 열심히 일하면서 그 사실을 잊고자 했습니다. 마침 직속상사의 사무실도 같은 공간이었는데, 심지어 직속상사는 A 씨의 뒷자리에 있어서 A 씨의 뒷모습과 모니터를 바로 볼 수 있었습니다. A 씨는 아는 사람이 직속상사뿐이었습니다. 직속상사가 특별한 배려를 해 준 것이 고마웠고, 후배로서 선배에게 인정받고 싶었습니다.

금요일 밤이었습니다. A 씨가 정식으로 입사해서 출근한 지 겨우 3일째 되는 날이었습니다. 저녁에 회식이 있었고, A 씨는 회식 후 부서 상관과 함께 버스를 기다리던 중에 직속상사의 연락을 받았습니다. 직속상사는 A 씨에게 거기서 기다리고 있으면 자신이 가겠다며 기다리라고 했습니다. 감사 인사도 못 드렸다는 생각이 들었던 A 씨는 직속상사를 만나서 같이 호프집에 갔고, 가서 술을 조금 더 마셨습니다. A 씨는 그 전에 회식 자리에서 술을 거의 마시지 않았고, 회식 내내 선배들과 있었기 때문에 긴장해서 취하지도 않았습니다. 호프집에서 나온 A 씨가 택시를 타고 집에 가려는데 직속상사가 붙잡았습니다. 그는, 택시 타는 곳까지만 바래다주겠다면서, 술을 많이 안 마셨으니 괜찮다며 직접 운전대를 잡았습니다. A 씨는 상사의 말을 거스르기 미안해서, 금방 내릴 것으로 생각하고 차에 올랐습니다. 그런데 그는 택시정거장이 아닌 모텔에 차를 세웠습니다. 수차례 실랑이 끝에 A 씨는 모텔 문 안으로 들어서게 되었습니다. 화장실이 급했던 A 씨가 잠시 화장실만 쓰고 나올 요량으로 그가 방값을 계산하고 나온 방으로 들어섰는데, 그때부터 폭력이 시작되었습니다. A 씨는 완강하게 저항했지만 완력을 당해낼 수 없었고 결국 성폭행을 당했습니다. A 씨는 신입사원인 자신의 교육을 담당했고 '몰카' 사건 당시 자신을 물심양면으로 도왔던 직속상사가 자신을 성폭행할 것이라고는 조금도 상상하지 못했습니다.

제가 위에서 언급한 사례들은 여러 가지 성범죄 유형 중에서 대표적인 것들입니다. 사례 1번 중견 기업 케이스와 마찬가지로 대부분 상사와 부하 직원, 선배와 후배, 간부와 평직원, 정규직 사원과 계약직 사원처럼 사회적 지위의 차이가 있습니다.

같이 술을 마시던 노조 간부인 상사가, 집에 남아 먼저 곯아떨어졌던 팀장인 상사가, 평소 아껴주고 칭찬해주던 사장이, 집까지 바래다준 선배가, 부담 없이 지내던 신뢰하는 동료가, 평소 존경하던 상사가, 이들을 성폭행했습니다. 피해자들은 이 가해자들을 평소에 고마운 사람, 부담 없이 친한 사람, 존경할 만한 사람, 신뢰할 만한 사람으로 여겼습니다. 이 사례들은 모두 다른 사건이지만 같은 사건으로 봐도 무방할 정도로 패턴이 비슷합니다.

대부분의 성범죄는 각기 다른 사건이지만 몇 가지 동일한 점이 있습니다. 특히 조직 내 성범죄는 강자가 약자를 약취하는 행위와 다를 바 없습니다. 평소 존경과 신뢰를 받던 가해자들은 이중인격자들인가요? 왜 이들은 갑자기 돌변해 악마가 되었을까요?

저는 이것이 넓은 의미에서 그루밍 성범죄에 포함된다고 생각합니다(물론 해당 케이스들은, 시작은 그루밍 성범죄와 유사하나 결국에는 폭행·협박 등으로 상대방을 강간한, 형사처벌의 대상이 되는 성범죄라는 점에서 다소 차이가 있기는 합니다).

포털사이트에서 제공하는 정보에 따르면 그루밍 성범죄의 정의는 다음과 같습니다.

'성범죄자가 피해자를 성적으로 학대하거나 착취하기 전 대상의 호감(취미나 관심사 등 파악)을 얻고 신뢰를 쌓은 뒤 이러한 토대 위에서 자행하는 성범죄를 가리킨다. 보통 가해자들은 피해자에게 계획적으로 접근해 공통의 관심사를 나누거나 원하는 것을 들어주면서 신뢰를 쌓은 뒤, 서로 비밀을 만들며 피해자가 자신에게 의존하도록 만든다. 그리고 점차 피해자가 성적 가해 행동을 자연스럽게 받아들이도록 길들이고, 피해자가 이를 벗어나려고 하면 회유하거나 협박하면서 폭로를 막기도 한다. 그루밍 성범죄는 피해자들이 보통 자신이 학대당하는 것을 인식하지 못한다는 점, 표면적으로 피해자가 성관계에 동의한 것처럼 보여 수사나 처벌이 어려운 경우가 많다는 점에서 그 문제가 심각하다.'

– 출처: 네이버 지식백과 / 시사상식사전, 박문각

저는 그루밍 성범죄의 피해가 아동·청소년에게만 일어난다고 보지

社 생 활 변 호 사

않습니다. 성인에게도(심지어 중년층에서도) 충분히 있을 수 있습니다.

첫 번째 사례인 중견 기업의 케이스를 보면, 기간은 짧았지만 가해자는 피해자가 위기에 처했을 때 적극적으로 나서서 피해자를 도우며 신뢰를 쌓았습니다. 가해자는 피해자가 당한 '몰카' 사건과 회사 생활을 낱낱이 알고 있던, 회사 내 유일한 사람이었습니다. A 씨는 가해자를 신뢰할 수밖에 없었습니다. 가해자는 A 씨가 경찰에 조사 받으러 갈 때 직접 데려다주기도 했고, A 씨가 '몰카' 사건의 가해자와 분리되어 교육을 받을 수 있도록 적극적으로 조치하기도 했습니다.

사례 2번 대형은행 노조 간부 사건을 봅시다. 이 사건의 가해자는 무려 노조 집행부 간부였습니다. 동료들의 이익을 위해 사측과 싸우고 정당한 노동권을 위해 애쓰던 사람이겠지요.

사례 3번 신용카드회사의 경우, 피해자는 집에서 다른 동료들과 가해자와 함께 술을 마셨습니다. 믿을 만한 사람이었으니 피해자의 집에서 술자리가 만들어졌겠죠. 가해자는 피해자 C 씨의 침대에 올라가 먼저 잠들기까지 합니다.

사례 4번 인테리어회사의 경우는 가해자와 피해자의 나이 차이가 30년이 넘습니다. 가해자인 사장은 50대이고 피해자는 갓 입사한 20대 사원입니다.

사례 5번 대학교의 경우, 가해자는 피해자를 집까지 바래다준 선배입니다. 술을 마셨으니 걱정된다며 집에 들어가는 모습까지 보고 발걸음을 돌렸고, 피해자는 선배에게 고마워하며 그를 배웅했습니다. 그러나 가해자는 피해자의 집으로 돌아와 아까 문을 열 때 봐둔 비밀번호를 눌러 집 안으로 침입했습니다. 피해자가 굳이 현관문의 비밀번호를 가릴 정도로 위협적인 사람이 아니었다는 얘기겠죠.

사례 6번 금융회사 건도 마찬가지입니다. 피해자 F 씨는 회식 자리에서 선배들이 강권하는 술을 받아 마신 탓에 기억이 없었습니다. 가해자가 누구였는지도 바로 파악할 수 없을 정도였습니다. 명백한 항거불능의 상태였습니다. 피해자는 성폭행을 당한 다음날 아침 낯선 숙박업소에서 깨어났습니다. 정신을 차리고 성폭행 사실을 알았습니다. 피해자는 수소문 끝에 저의 전화번호를 알아내 연락을 해왔습니다. F 씨는 주변 CCTV를 확보해 가해자를 찾아냈습니다. F 씨는 가해자가 이런 짓을 저지를 사람이 아니라며 큰 충격에 빠졌습니다. F 씨는 가해자가 평소 행실이 바르고 심성이 착한 사람이었다고 했습니다. 가해자는 40대 초반의 유부남인 직장 선배였습니다.

위의 케이스들은 그루밍 성범죄의 범주에 완벽하게 들어맞지는 않습니다. 그들이 피해자들을 강간하기 위해 고의로 길들였다고 확신하기 어렵습니다. 법적 다툼에서 입증할 수 있는 것은 명백한 사실과 증거자료입니다. 가해자들이 피해자들을 고의로 길들였다고 볼 수는 없으나, 피해자들과 짧은 시간이라도 특정한 일을 함께 겪으며 신뢰를 구축해왔다고 볼 수 있습니다. 그리고 대부분 술자리 이후에 성폭행이 일어났습니다. 이는 피해자를 유인하고 약하게 만들 수 있는 도구로 술이 사용되었다는 것을 말합니다. 고의성 여부를 떠나 술은 상대방의 방어를 무너뜨릴 수 있는 가장 쉽고 가까운 수단이라는 건 자명합니다.

조직 내 성범죄는 피해자들이 사건을 기억하는 경우와 기억하지 못하는 경우로 나뉩니다. 자신의 평소 주량보다 많이 마신 피해자들은 더러 사건을 기억하지 못하고 이로 인해 더 난처한 경우에 처합니다. 반면에 명백히 기억하는 피해자들은 어떻게든 성폭력을 막아보려고 안간힘을 쓰게 됩니다. 이 경우 다치거나 신체적 폭행을 당하는 경우도 있습니다.

피해자들 대부분은 위에 기술한 여러 가지 특성들 때문에 일반 폭력사건과 달리 더 당황하게 됩니다. 또한, 조직 내 성범죄 사건은 가해자가 모두 면식범입니다. 피해자가 충격을 더 크게 받는 것도 바로 이 때문입니다.

4

이제 무엇을 할 것인가

• • • • • •

성범죄는 통계로 보면 면식범 가해자가 절반 이상을 차지합니다.

여성가족부에서 조사하여 발표한 2019년 성폭력 실태조사를 보겠습니다(2019년 성폭력 안전실태조사 연구보고서 156~195p).

이 조사는 3년에 한 번씩 시행되는데, 2016년 조사결과와 달리 2019년 조사결과에는 불법촬영 피해도 추가되었습니다.

[표 1] 성희롱 피해 경험

(단위 : %)

구 분	전체	여성	남성
첫 피해 연령			
19세 미만	22.9	24.2	16.0
19세~35세 미만	70.6	68.4	82.9
35세~50세 미만	4.2	4.7	1.1
50세 이상	1.1	1.3	-
무응답	1.2	1.4	-
계	100.0	100.0	100.0
피해 횟수			
1회	24.0	25.4	16.1
2회	23.6	25.0	15.3
3회 이상	52.4	49.5	68.6
계	100.0	100.0	100.0
가해자 유형(복수응답)			
친인척(가족포함)	2.8	3.3	-
친인척 이외의 아는 사람	111.8	113.3	103.1
전혀 모르는 사람	31.4	35.1	10.4
무응답	0.1	0.1	-
발생장소(복수응답)			
집	7.1	7.1	7.0
주택가나 그 인접한 도로	9.1	9.5	6.8
학교 및 학교 주변	22.9	25.9	5.8
인구 밀집 상업지	45.5	49.5	22.3
공공기관, 사무실, 공장	32.7	33.03	0.9
야외, 거리, 등산로, 산책로, 대중교통 시설 등	26.3	29.2	9.8
그 외의 장소	5.2	1.6	25.9
무응답	0.4	0.5	-

주: 1) 백분율은 731명(여성 693명/남성 38명)(응답인원)을 기준으로 가중치를 부여하여 추정함.
　　 2) 가해자 유형 및 발생장소는 복수응답 분석을 실시함.

[표 2] 성추행(폭행/협박 미수반) 피해 경험

(단위 : %)

구 분	전체	여성	남성
첫 피해 연령			
19세 미만	31.9	32.4	24.8
19세~35세 미만	59.7	59.2	66.5
35세~50세 미만	5.3	5.6	1.6
50세 이상	1.0	0.9	2.4
무응답	2.2	2.0	4.8
계	100.0	100.0	100.0
피해 횟수			
1회	38.2	37.7	44.6
2회	31.7	32.4	21.9
3회 이상	30.1	29.9	33.4
계	100.0	100.0	100.0
가해자 유형(복수응답)			
친인척(가족포함)	2.3	2.3	3.0
친인척 이외의 아는 사람	33.0	29.4	83.7
전혀 모르는 사람	78.2	81.1	37.0
무응답	0.6	0.6	-
발생장소(복수응답)			
집	3.1	3.1	3.0
주택가나 그 인접한 도로	3.9	4.0	3.0
학교 및 학교 주변	7.2	6.9	10.7
인구 밀집 상업지	21.8	20.9	34.5
공공기관, 사무실, 공장	7.6	6.6	22.5
야외, 거리, 등산로, 산책로, 대중교통 시설 등	78.1	81.0	35.8
그 외의 장소	1.4	0.6	11.9
무응답	0.1	0.1	-

주: 1) 백분율은 1,305명(여성 1,275명/남성 30명)(응답인원)을 기준으로 가중치를 부여하여 추정함.
　　2) 가해자 유형 및 발생장소는 복수응답 분석을 실시함.

[표 3] 성추행(폭행/협박 수반) 피해 경험

(단위 : %)

구 분		전체	여성
첫 피해 연령			
	19세 미만	25.5	22.8
	19세~35세 미만	66.4	68.4
	35세~50세 미만	6.5	7.0
	50세 이상	0.5	0.5
	무응답	1.1	1.2
계		100.0	100.0
피해 횟수			
	1회	47.8	50.2
	2회	23.4	23.4
	3회 이상	28.8	26.4
계		100.0	100.0
가해자 유형(복수응답)			
	친인척(가족포함)	7.9	8.5
	친인척 이외의 아는 사람	83.6	81.8
	전혀 모르는 사람	19.3	19.4
발생장소(복수응답)			
	집	20.7	18.0
	주택가나 그 인접한 도로	6.4	6.9
	학교 및 학교 주변	8.8	7.7
	인구 밀집 상업지	45.0	46.7
	공공기관, 사무실, 공장	9.6	10.4
	야외, 거리, 등산로, 산책로, 대중교통 시설 등	28.1	28.5
	그 외의 장소	-	-
	무응답	0.3	0.4

주: 1) 백분율은 118명(여성 114명)(응답인원)을 기준으로 가중치를 부여하여 추정함.
   2) 남성 응답 결과는 사례 수가 적어 제시하지 않음.
   3) 가해자 유형 및 발생장소는 복수응답 분석을 실시함.

[표 4] 강간미수 피해 경험

(단위 : %)

구 분		전체	여성
첫 피해 연령			
	19세 미만	25.5	25.5
	19세~35세 미만	67.4	67.4
	35세~50세 미만	3.4	3.4
	50세 이상	-	-
	무응답	3.7	3.7
	계	100.0	100.0
피해 횟수			
	1회	73.3	73.3
	2회	20.0	20.0
	3회 이상	6.7	6.7
	계	100.0	100.0
가해자 유형(복수응답)			
	친인척(가족포함)	6.6	6.6
	친인척 이외의 아는 사람	68.7	68.7
	전혀 모르는 사람	31.3	31.3
발생장소(복수응답)			
	집	23.9	23.9
	주택가나 그 인접한 도로	15.1	15.1
	학교 및 학교 주변	3.2	3.2
	인구 밀집 상업지	19.5	19.5
	공공기관, 사무실, 공장	-	-
	야외, 거리, 등산로, 산책로, 대중교통 시설 등	42.4	42.4
	그 외의 장소	3.5	3.5

주: 1) 백분율은 45명(여성 45명)(응답인원)을 기준으로 가중치를 부여하여 추정함.
   2) 남성 응답 결과는 사례 수가 없어 제시하지 않음.
   3) 가해자 유형 및 발생장소는 복수응답 분석을 실시함.

[표 5] 강간 피해 경험

(단위 : %)

구 분		전체	여성
첫 피해 연령			
	19세 미만	28.3	28.3
	19세~35세 미만	59.0	59.0
	35세~50세 미만	12.7	12.7
	50세 이상	-	-
	계	100.0	100.0
피해 횟수			
	1회	58.9	58.9
	2회	21.1	21.1
	3회 이상	20.0	20.0
	계	100.0	100.0
가해자 유형(복수응답)			
	친인척(가족포함)	12.7	12.7
	친인척 이외의 아는 사람	80.9	80.9
	전혀 모르는 사람	17.7	17.7
발생장소(복수응답)			
	집	45.2	45.2
	주택가나 그 인접한 도로	9.9	9.9
	학교 및 학교 주변	-	-
	인구 밀집 상업지	42.8	42.8
	공공기관, 사무실, 공장	-	-
	야외, 거리, 등산로, 산책로, 대중교통 시설 등	13.5	13.5
	그 외의 장소	-	-

주: 1) 백분율은 14명(여성 14명)(응답인원)을 기준으로 가중치를 부여하여 추정함.
   2) 남성 응답 결과는 사례 수가 없어 제시하지 않음.
   3) 가해자 유형 및 발생장소는 복수응답 분석을 실시함.

성추행 피해경험 중 폭행·협박이 수반되었는지 여부에 따라 가해자의 양상이 달라집니다. 폭행·협박이 없는 성추행은 모르는 사람의 비율이 더 높아, 78.2%(복수응답)에 이릅니다. 하지만 폭행·협박이 있는 성추행은 아는 사람(가족 포함)의 비율이 훨씬 높아지는데, 그 비율이 무려 91.5%(7.9%+83.6%, 복수응답)나 됩니다. 면식범(가족 포함)의 비율은 강간 미수의 경우 75.3%(6.6%+68.7%, 복수응답), 강간의 경우 93.6%(12.7%+80.9%, 복수응답)입니다. 이는 2016년 조사의 강간 피해 면식범 비율 77.7%(복수응답)보다 훨씬 올라간 수치입니다.

[표 6] 성폭력 피해 당시 대응한 경우, 대응방법(복수응답)

(단위 : %)

구 분	전체	여성	남성
자리를 옮기거나 뛰어서 도망쳤다	54.6	64.1	16.8
소리를 질렀다	19.2	22.1	7.7
빌고 애원하거나 설득하려 했다	0.9	1.1	-
신고하겠다고 상대방에게 말했다	3.6	3.1	5.9
무기나 물건 등을 가지고 대항했다	0.6	0.8	-
주먹으로 때리거나 발로 차는 등의 방법으로 대항했다	2.4	2.5	1.7
경찰이나 경비원에게 도움을 요청했다	1.2	1.5	-
경찰이나 경비원이 아닌 다른 사람에게 도움을 요청했다	0.7	0.8	0.6
화를 냈다	16.8	17.6	13.5
몸을 빼거나 화제를 돌렸다	11.7	13.7	3.5
가해자가 시키는 대로 행동하려 했다	0.3	0.4	-
카톡방이나 채팅방을 나갔다	6.6	4.6	14.9
받은 영상이나 문자를 바로 삭제했다	20.9	11.1	59.9
기타	-	-	-
무응답	0.1	0.1	-

주: 1) 성폭력 피해 당시 대응한 경우, 대응방법은 복수응답 분석을 실시함.
   2) 백분율은 1,766명(여성 1,637명/남성 129명)(응답인원)을 기준으로 가중치를 부여하여 추정함.

社 생 활 변 호 사

온라인상의 성희롱까지 포함한 모든 성폭력을 놓고 봤을 때 성폭력 피해 당시 대응방법으로는 '자리를 옮기거나 뛰어서 도망쳤다'가 54.6%(복수응답)로 가장 높고, '받은 영상이나 문자를 바로 삭제했다'가 20.9%(복수응답), '소리를 질렀다'가 19.2%(복수응답)로 나타났습니다.

　　한편, 성폭력 피해 당시 대응하지 못한 경우, 그 이유로는 '어떻게 해야 할지 알지 못해서(몰라서)'가 43.3%(복수응답)로 가장 높습니다. 이 비율은 남성 피해자와 여성 피해자 모두 비슷합니다. 이어서 '당시에는 성폭력인지 몰라서'가 23.8%(복수응답), '어떤 행동을 해도 소용이 없

[표 7] 성폭력 피해 당시 대응하지 못한 경우, 그 이유(복수응답)

(단위 : %)

구 분	전체	여성	남성
어떤 행동을 해도 소용이 없을 것 같아서	23.3	18.5	32.3
소리 내면 남이 알까봐	5.1	7.8	-
술이나 잠에 취해 피해가 발생하는 것을 인지하지 못해서	0.6	1.0	-
공포심에 몸이 굳어서	7.4	11.1	0.4
저항하면 더 큰 폭력이나 상해를 입을 것 같아서	1.3	1.3	1.4
당시에는 성폭력인지 몰라서	23.8	23.9	23.5
불이익/보복을 당할 것 같아서	4.9	6.5	1.9
어떻게 해야 할지 알지 못해서(몰라서)	43.3	44.0	42.0
기타	0.7	0.8	0.6
무응답	1.0	0.9	1.3

주: 1) 성폭력 피해 당시 대응하지 못한 경우, 그 이유는 복수응답 분석을 실시함.
　　2) 백분율은 1,369명(여성 1,168명)(남성 201명)(응답인원)을 기준으로 가중치를 부여하여 추정함.

을 것 같아서'가 23.3%(복수응답)로 엇비슷합니다. 그런데 '당시에는 성폭력인지 몰라서'라는 응답은 남성과 여성의 비율이 유사한데 '어떤 행동을 해도 소용이 없을 것 같아서'라는 응답은 놀랍게도 남성의 비율이 여성의 비율보다 훨씬 높습니다.

경찰에 도움을 요청했는지를 조사한 내용도 있는데, 성폭력 피해를 입었을 때 경찰에 신고하여 수사기관의 도움을 받은 경우는 전체 피해자 중 1.4%밖에 안 됩니다. 1.4%라니, 역으로 98.6%는 경찰에 신고하지 않았다는 얘기입니다. 이 중 신고한 사람들을 대상으로 신고자가 누구였는지 조사했더니 67%(복수응답)가 '본인'이라고 응답했습니다.

[표 8] 수사기관의 도움을 받았는지 유무 (단위 : %)

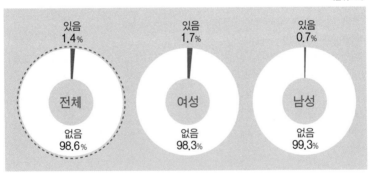

주: 백분율은 3,135명(여성 2,805명/남성 330명)(응답인원)을 기준으로 가중치를 부여하여 추정함.

社 생 활 변 호 사

[표 9] 경찰에 신고한 사람(복수응답)

(단위 : %)

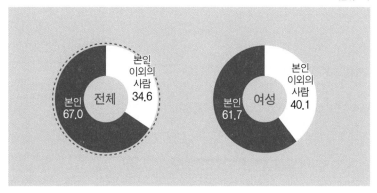

주: 1) 경찰에 신고한 사람은 복수응답 분석을 실시함.
    2) 남성 응답 결과는 사례 수가 적어 제시하지 않음.
    3) 백분율은 49명(여성 46명)(응답인원)을 기준으로 가중치를 부여하여 추정함.

[표 10] 경찰 신고 시기(복수응답)

(단위 : %)

구분	피해 직후 (3일 이내)	일주일 이내	한 달 이내	한 달 이상
전체	87.7	1.4	8.6	2.3
여성	95.8	1.6	-	2.7

주: 1) 경찰 신고 시기는 복수응답 분석을 실시함.
    2) 남성 응답 결과는 사례 수가 적어 제시하지 않음.
    3) 백분율은 49명(여성 46명)(응답인원)을 기준으로 가중치를 부여하여 추정함.

그런데 대검찰청에서 발표한 통계는 좀 다릅니다(2019 범죄분석, 2019 성폭력 57쪽. 대검찰청 발행).

범죄자와 피해자의 관계

성폭력범죄 범죄자와 피해자의 관계를 보면, 타인이 62.3%로 높은 비율을 차지하고 있다. 그러나 소년범죄자의 경우에는 타인의 비율이 54.0%로 성인범죄자에 비해 상대적으로 낮고, 친구 등의 비율이 23.0%로 상대적으로 높게 나타났다.

[대검찰청 통계-성폭력범죄 범죄자의 연령별 피해자의 관계별 분포]

(단위 : %)

범죄자와 피해자의 관계	소년범 여부		계
	소년범	성인범	
고용관계	2(0.1)	530(2.3)	532(2.1)
친구 등	552(23.0)	1,465(6.3)	2,017(7.9)
애인	72(3.0)	1,014(4.4)	1,086(4.3)
친족	38(1.6)	823(3.6)	861(3.4)
이웃/지인	316(13.2)	3,275(14.2)	3,591(14.1)
타인	1,293(54.0)	14,614(63.2)	15,907(62.3)
기타	123(5.1)	1,419(6.1)	1,542(6.0)
계	2,396(100.0)	23,140(100.0)	25,536(100.0)

社 생 활 변 호 사

왜 통계치가 이렇게 다르게 나올까요? 여성가족부의 조사는 사건을 고소하거나 신고한 사람에만 국한되지 않고 불특정다수를 대상으로 이루어졌습니다. 반면에 대검찰청 통계는 검찰에 기소된 사건만을 대상으로 집계되었습니다. 그러니까, 실제 일어난 면식범에 의한 성범죄는 신고율이 아직도 높지 않다는 결과를 얻을 수 있겠습니다.

신고는 빠를수록 좋다

변호사로서 이런 사건을 맡거나 상담 전화를 받을 때마다 가장 안타까운 것은 피해자가 적절한 신고 시기를 놓치거나 신고 자체를 포기하는 것입니다. 당황하여 어떻게 해야 할지를 몰라서 또는 2차 가해를 우려해 혼자 두려움에 떨다가 신고 시기를 놓쳐 신고를 포기하게 됩니다.

그리고 무고죄로 역고소 당할 것을 우려하는 경우도 많습니다. 이는 '스스로 자신을 지키지 못하고 격렬하게 저항하지 못했다'는 성범죄 특유의 피해자 죄책감 때문입니다. 가해자는 죄책감을 느끼지 않는데 피해자가 죄책감을 느끼는 것이 성범죄의 특징이기도 합니다.

위의 사례들 중에서 안타깝게 신고 시기를 놓친 케이스를 들어 이 문제를 살펴보겠습니다. 바로 사례 6번 금융회사 상사 사건입니다.

F 씨는 회식 자리에서 상사와 선배들이 주는 대로 술을 받아 마실 수밖에 없어서 내내 불편했습니다. 그리고 아침에 눈을 떠보니 낯선 숙박업소에 누워있었습니다. 옷을 입지 않은 상태였고요. 분명 무슨 일이 있었다는 걸 직감했습니다.

저는 F 씨의 전화를 받았습니다. 저는 안타까운 성폭력 사건의 피해자가 도움을 요청하는 글을 포털사이트에 올린 것을 보고 제 전화번호를 댓글에 남긴 적이 몇 번 있습니다. F 씨가 거기서 제 전화번호를 알게 되었는지도 모르겠습니다.

"김상균 변호사님 맞으신가요?"

머뭇거리며 전화하는 그녀의 목소리가 떨렸습니다. 사건의 피해자라는 예감이 들었습니다. 그녀는 술을 사양하면 안 된다는 상사의 강권에 어쩔 수 없이 술을 마셨다고 했습니다. 계속 술을 마셨던 것은 기억나는데, 모든 게 흐릿해진 이후의 기억은 없다고 했습니다.

"일단 씻으시면 안 돼요. 씻지 말고 로비로 내려가서 직원을 찾으세요. 되도록 빨리 CCTV를 확보해야 합니다. 숙박업소는 모두 CCTV가 곳곳에 있어요. 그 방의 복도, 엘리베이터, 프런트, 입구 등 모든 CCTV 영상을 다 보여 달라고 하세요. 영상을 달라고 하셔야 하는데, 그쪽에서 안 주는 경우가 있어요. 휴대폰으로 화면을 촬영하세요. CCTV를 삭제해버리는 경우도 있으니 최대한 빨리 확보하셔야 합니다."

社 생활 변호사

“네….”

피해자는 주저하고 있었습니다. 당황했겠죠. 얼마나 놀랐을까요. 저는 침착하게 하나하나 다시 이야기했습니다.

“저한테 촬영 영상을 보내주세요. 이 번호로 보내시면 돼요. 그리고 바로 경찰에도 신고하셔야 해요.”

잠시 후 F 씨로부터 휴대폰 영상이 도착했습니다. 몸을 가누지 못하는 젊은 여성이 한 남성에게 쓰러질 듯 기대어 방 안으로 들어가는 모습이었습니다. 다시 그녀와 통화했습니다.

“누군지 아세요? 아는 사람이죠?”

“네…. 저희 선배님인데…. 이럴 사람이 아닌데…. 되게 건실한 분이거든요….”

그녀의 목소리는 침통했습니다.

“착한 사람이에요. 착한 사람인데… 바르고… 그런 선배인데….”

그녀가, 가해자가 그 사람이라는 걸 믿기까지 시간이 걸릴 거라는 것을 직감했습니다.

“F 씨, 성범죄는 신고하기로 마음먹었으면 최대한 빨리 신고하셔야 해요. 안 그러면 일이 복잡해지고 수사가 길어져서 F 씨가 너무 힘들어져요. 그리고 영상을 더 확보해서 증거를 먼저 갖고 있어야 하잖아요. 수사관이 숙박업소에 나타나면 CCTV를 더 잘 확보할 수 있어요. 증거를 지우지 않게 할 수 있어요. 혼자 가해자를 만나는 건 위험해요. 마음이 많이 다쳐요. 제 말 듣고 계세요?"

　의식을 잃은 상태에서 당한 성범죄, 준강간의 경우 CCTV가 매우 강력한 증거가 됩니다. 가해자의 자백이 있으면 좋겠지만, 가해자들은 대부분 피해자가 기억하지 못할 정도인 걸 알았을 때 이런 범죄를 저지르므로 가해자의 순순한 자백을 기대하기는 어렵습니다. 일반적으로 피해자가 CCTV 영상을 확보하고도 기억을 떠올리지 못하는 경우가 다반사이고, F 씨의 경우는 CCTV 영상을 보고도 선배가 가해자라는 것에 대해 확신을 갖지 못한 상태였습니다. 이런 상황에서 뻔뻔한 가해자는 성행위가 있었다는 사실 자체를 부인하기도 하므로, 피해자의 체내에 남은 DNA를 확보하여 가해자의 변명을 원천봉쇄할 필요가 있습니다. 즉 증거를 확보하는 것이지요. 이를 위해 빨리 경찰에 신고해야 체내에 남은 증거자료를 확보할 수 있습니다.

　F 씨의 경우는 항거불능의 피해자를 강간한 것이므로 빨리 신고할수록 가해자가 처벌받을 가능성이 컸습니다. 신고가 늦어질수록 증거확보가 어려운 것이 사실입니다.

　저는 F 씨에게 다양한 경우를 들어 설명했으나, F 씨는 속 시원한 대답을 하지 않았습니다.

　저는 전화를 끊고 그녀가 부디 제대로 된 선택을 하길 바랐습니다. 제가 아닌 다른 변호사의 도움을 받게 되더라도 아무 상관이 없었습니다. 피해자는 피해를 보상받고 가해자는 처벌을 받기만 하면 되는 것이니까요.

　그 후 그녀에게서 연락이 온 것은 석 달이 지나서였습니다. 제 예감대로 그녀는 바로 신고하지 않았더군요. 그녀 목소리에 눈물이 묻어 있었습니다. 여기서 제가 상상할 수 있는 것은 성폭행 이상의 나쁜 상황입니다. 그녀는 울먹이면서도 기운을 내어 이야기를 이어나갔습니다.

　사건 이후 가해자를 신고하려고 여러 번 마음먹었지만, 자기가 속한 업계가 너무도 좁다는 걸 잘 알고 있어서 소문이 퍼질까 봐 두려웠다고 했습니다. 업계에 소문이 나면 힘들게 취업한 것도 모두 소용없어지고 직장생활이 순탄치 않을 것이 분명했다고 합니다. 그렇다고 퇴사를 결심하기도 어려웠습니다. 피해자가 왜 손해를 감수해야 하는지 억울한 마음도 들었고, 도대체 이 일을 어찌해야 할지 감이 잡히지 않았습니다. 생각도 하지 못한 선배가 자신을 ‘준강간’ 했다는 걸 믿는 데까지도 시간이 오래 걸렸습니다. 그 사이, 신고할 수 있는 기회가 날아갔습니다. 본인이 기억하지 못하는 사건이라 물증이 필요했는데, 이 사건의 물증은 시간이 지나면 소멸될 수 있는 것이었으니까요.

　피해자는 일어난 일에 대해 수십 번 의심합니다. 그게 정말 현실일까? 꿈은 아니었을까? 선배가 호텔 방까지 데려다주고 나서 그 후에 다른 일이 일어난 게 아닐까? 혹은 아무 일도 없었던 건 아닐까? 기억하지 못하는 사건일수록 피해자는 더욱 혼란스럽습니다. 스스로 정신건강을 의심하게 되는 경우도 종종 봅니다.

피해자는 그날 이후 힘겹게 출근했습니다. 그런데 가해자는 아무렇지도 않게, 여느 때처럼 건강하고 정상적인 모습으로 업무를 보고 있더랍니다.

'소문이 나면 어쩌지?'

수많은 피해자를 옭아매는 것이 '소문'이라는 이름의 2차 가해이며, 조직 내 성범죄 사건인 경우에 이 소문의 무게는 더 무거워집니다. F 씨는 아무 일 없는 듯이 일하고 있는 가해자를 보며 차라리 다행이라 생각하고 스스로를 위로하기도 했고, '나도 꾹 참고 회사에 다니면 별일 없을 것'이라고 생각하기도 했습니다.

그런데 며칠이 지난 후 가해자는 피해자에게 다시 연락을 해왔습니다. 자신을 강간한 사람이 연락해온 것이 너무 싫었지만 매일 마주쳐야 하는 직장 선배이기에 연락이 오면 대충 대답하고 지냈습니다.

"그날 어땠어? 좋았어?"

어느 날 가해자가 뜬금없이, 사건을 기억하고 있냐며 농담처럼 물어왔습니다. F 씨는 몸이 부들부들 떨렸습니다. 가해자가 먼저 이야기를 꺼내다니 황당하고 어이없기도 했지만 한편으로는 좋은 기회라는 생각도 들었습니다. 최소한의 양심은 있을 거라는 희망을 갖고 F 씨는 용기를 내어 이야기를 꺼냈습니다.

"그날 일을 거의 기억하지 못해요. 나중에 CCTV를 돌려봤어요. 그래서 선배라는 걸 알았어요. 어떻게 그런 일을 저지를 수 있는지 이해

社 생 활 변 호 사

할 수 없어요. 모두 잊으려고 죽도록 노력하고 있어요. 지금은 버티고 있지만 어떻게 될지 나도 모르겠어요. 실수라고 생각할게요. 저는 이 직장을 잘 다니고 싶어요. 이 이야기, 두 번 다시 하지 마세요."

F 씨가 단호하게 어금니가 부서져라 참으며 이야기를 끝냈을 때, 선배는 눈을 동그랗게 뜨고 이해할 수 없는 말을 했습니다.

"뭔 소리야. 너 정말 기억 안 나는구나?"

가해자는 그날 밤 F 씨가 자기를 유혹했다고 했습니다. 그러면서 자기는 술에 취해 못 이기는 척 따라갔지만, 평소 F 씨를 눈여겨보고 있었다면서, 좋은 감정이 없으면 그런 짓을 하겠느냐고 했습니다. 그러면서 누굴 성폭행범 취급하느냐며 화를 내기도 하고 F씨를 달래기도 하면서, 정말 그날 일이 생각나지 않느냐고 수차례 물었습니다. 그리고는 자기도 유부남이라 고민을 많이 했는데, 기왕 이렇게 된 거 진지하게 연애하는 게 어떻겠느냐고 했습니다. F 씨는 성폭행범이 자기의 범죄 사실을 미화하면서 사귀자는 말까지 하는 걸 보고 분노가 치밀다 못해 어이가 없었습니다. 게다가 가해자는 유부남이었고요.

F 씨는 가해자의 제안을 거절했습니다. 그러나 가해자는 시도 때도 없이 그녀에게 만나자며 연락을 해왔습니다. F 씨는 결국 가해자와 더 이상 같은 부서에 근무할 수 없다고 판단했고, 부서 이동을 신청했습니다. 다른 부서로 이동하자 가해자는 더 이상 연락하지 않았습니다.

시간이 조금 더 흐른 뒤, 그녀는 직장 내 여성 동료에게서 어떤 이야기를 듣게 되었습니다.

"F 씨, K 과장이랑 사귀었다며?"

F 씨는 동료에게 이야기의 진원지를 물었지만, 동료도 들은 이야기일 뿐이라고 했습니다. 그제야 F 씨는 자기가 가해자인 상사와 불륜 관계라고 소문이 났고, 소문이 회사를 한 바퀴 돈 다음 자기에게 돌아왔다는 걸 알게 되었습니다. 성범죄 피해자가 아닌, 상대방이 유부남인 걸 알면서도 상사와 연애한 뻔뻔한 여자가 되어 있었던 거죠.

F 씨는 이 소문으로 더 이상 정상적인 회사 생활이 곤란한 상태가 되었습니다. 친한 동료들도 처음엔 F 씨를 변호해주다가 결국 등을 돌리고 말았습니다.

"변호사님, 이제라도 어떻게 할 수 없을까요?"

F 씨는 저에게 울면서 물었습니다. 고소는 할 수 있습니다. 그러나 과연 상대방이 처벌을 받을 수 있을지, 저는 확신할 수 없었습니다.

"고소는 할 수 있죠. 근데, 처벌을 받게 할 수 있을지는 저도 확답을 못 드려요."

안타깝지만 거짓을 말할 수는 없었습니다. 이 사건의 경우 처벌이 어려우리라 판단하게 된 이유는 다음과 같습니다.

1. 시간이 너무 많이 지나 수사기관에서 그녀의 진술을 곧이곧대로 믿지 않을 가능성이 큽니다. 게다가 가해자를 조사한다 해도 가해자는 이미 그동안 나름대로 진술 시나리오를 구축해두었을 것입니다. 가해자는 수사가 자신에게 유리하게 흘러가도록 최선을 다하겠죠.

2. 수사기관은 신고나 고소가 빠를수록 피해자 진술의 신빙성이 높다고 믿습니다.

3. 사건을 모두 잊으려 했던 F 씨는 휴대폰으로 촬영해두었던 영상을 삭제해버렸습니다. 숙박업소의 CCTV는 오래 보관하지 않습니다. 수개월이 지나면 다시 찾기 어렵습니다.

F 씨가 만약 저와 처음 통화하고 나서 바로 신고했다면 상대방은 처벌받을 가능성이 높았습니다. 저는 당시 처벌이 가능하다고 확신했습니다.

시간이 지나버렸다고 해서 사건 자체가 없었던 것이 되지는 않습니다. 피해자의 상처는 더욱 깊어집니다. 그러나 현실적으로 엄밀히 얘기하자면 처벌 가능성은 희박해집니다.

한편 사례 5번 대학교 동아리 선배 사건은 이와 정반대의 경우입니다.

당시 술에 취한 E 씨를 집까지 데려다줬던 선배는 다시 E 씨의 집으로 돌아왔습니다.

만취한 상태였던 E 씨는 씻지도 못하고 바로 누워 잠이 들었습니다. 잠결에 누군가 자기를 만지는 느낌이 들었지만 꿈인 줄 알았습니다. 그런데 갑자기 성관계를 하는 느낌이 들어 힘겹게 몸을 가누고 눈을 뜨자 자신을 집에 데려다준 선배가 자신을 강간하고 있었습니다.

그녀는 그제야 무슨 일이 일어났는지 파악하고 선배에게 뭐 하는 거냐고 물었습니다. 선배는 후다닥 일어나 옷을 챙겨 입고 집 밖으로 도망갔습니다. E 씨는 너무 놀라고 무서워서 방에 혼자 앉아 울음을 터뜨렸습니다. 그러다가 문득 그 선배가 다시 돌아올지도 모른다는 생각이 들었습니다. E 씨는 옷을 챙겨 입고 가까이 사는 친한 선배 언니 집으로 피신했습니다.

E 씨가 찾아간 선배 언니는 제가 예전에 과외 지도한 학생이었습니다. 선배 언니가 저에게 바로 전화를 걸어왔습니다. 자초지종을 듣고 저는 바로 경찰에 신고하라고 일렀습니다. 하지만 피해자가 충격으로 결심을 못 하는 것 같아 저는 학생에게 스피커폰으로 통화하자고 말했습니다.

"학생, 지금 신고하지 않으면 평생 후회합니다. 제가 도와드릴 테니 언니랑 어서 경찰에 신고하세요."

제가 가르쳤던 학생은 꽤 리더십 있고 똑똑한 친구였습니다. 후배를 계속 설득해 결국 경찰에 신고했습니다. 피해를 당한 지 3시간도 안 되어 신속한 신고가 이루어진 것입니다. 경찰은 새벽에 걸려온 신고 전화에 바로 출동하여 근처에 있던 가해자를 검거했습니다. E 씨는 경찰서에서 간단한 진술을 했고 가해자는 바로 입건되었습니다. 여기서도 가해자는 앞 사례와 비슷한 진술을 했습니다. E 씨가 술에 취하지 않았고, 서로 호감을 느끼고 지내다 술에 취해 성관계를 했으며, 싸움도 없었고, E 씨더러 혼자 편히 자라고 하고 집으로 돌아온 것뿐이라고요.

경찰은 신고 직후 E 씨의 집 복도 CCTV와 건물 앞의 CCTV, 가해자의 집 주변과 복도 CCTV를 모두 확보했습니다. 가해자의 이상행동이 CCTV 영상에 있었습니다. 경찰은 가해자가 피해자가 비밀번호를 누르고 집에 들어갈 때까지 뒤에서 기다려주며 비밀번호를 유심히 바라보는 모습을 영상에서 찾아냈습니다. 또한, 영상에는 가해자가 피해자의 집 공동현관까지 내려갔다가 다시 올라와 집 앞에서 서성이다 비밀번호를 누르고 들어가는 것도 찍혀 있었습니다. 그리고 가해자가 피해자의 집에 들어간 지 30분 정도 지나 문도 제대로 안 닫고 후다닥 도망쳐 나와 자신의 집 방향으로 전력 질주한 것도 영상에 모두 담겨 있었습니다. 경찰은 가해자의 행동이 정상적인 연인관계에서 일어날 수 있는 일이 아니라고 판단했습니다.

CCTV 영상만으로 추정할 수 있는 사실은 이렇습니다.

- 피해자가 만취해서 비틀거리며 집에 들어간 점.
- 가해자가 벨을 눌러 동의를 구하고 피해자 집에 들어간 것이 아니라, 비밀번호를 유심히 바라봤다가 다시 돌아와 비밀번호를 누르고 들어간 점.
- 가해자가 피해자 집에 바로 들어가지 않고 피해자가 잠들기를 기다린 것처럼 일정 시간 복도에서 서성이며 집 안의 소리를 듣는 등 정황을 살핀 점.
- 가해자가 피해자 집에서 도망치듯 뛰어나온 점.
- 가해자가 자기의 집까지 전속력으로 달려서 돌아간 점.
- 휴대폰을 살펴봤을 때 그 전까지 둘 사이에 사적 연락이 전혀 없었던 점.

경찰은 이러한 증거를 토대로 가해자를 집중 추궁하였고, 가해자는 자신의 범죄를 모두 자백했습니다.

피해자는 나이 어린 대학생이었습니다. 소문이 나는 게 두려웠지만, 선배 언니의 설득으로 어쨌거나 신고를 하게 되었습니다. 피해자는 이 일이 소문이 날까 봐 매우 두려워했습니다.

저는 가해자는 범죄 사실을 떠들고 다닐 수 없다고 그녀를 설득했습니다. 보복성 범죄는 생각보다 흔히 일어나는 일이 아닙니다. 뉴스에 나올 만큼만 일어나죠. 제 확신대로 가해자는 자신의 범죄 사실을 떠들고 다니지 않았고, 소문도 돌지 않았습니다. E 씨는 그 뒤로 무사히 학교를 잘 다녔습니다.

믿고 따르던 선배이자 직속상사가 성범죄를 저지른 사례 1번 중견 기업 사건의 경우도 피해자는 지체 없이 바로 신고했습니다. 그 사건에서 때리거나 신체에 상처가 남는 폭행은 경미했습니다. 실랑이를 벌이다 손등에 상처가 났던 딱지가 떨어졌고 어깨에 멍 자국이 남았습니다. 부족한 증거를 채워준 것은 A 씨의 정확한 진술이었습니다. A 씨는 자신이 입은 피해에 대해 아주 확실한 진술증거를 가지고 있었습니다.

가해자는 어떻게든 모면할 방법을 찾아냅니다. 그렇기 때문에 피해자의 신고가 빠를수록 가해자의 자백 확률이 높아집니다.

성범죄 가해자는 자기의 행동이 처벌받을 수 있다는 걸 잘 알고 있습니다. 검거되면 처벌에 대한 두려움 때문에 매우 큰 심리적 압박을 받습니다.

신고가 빠르면 수사기관에서 정확한 정보를 더 많이, 신속하게 확보할 수 있습니다. 증거를 확보해 가해자를 압박하면 가해자는 짧은 시간 내에 논리적인 변명을 지어낼 수 없습니다. 결국 진술에서 허점이 드러나게 되고, 경찰이 집중 추궁하면 결국 포기하게 됩니다.

모든 피해자가 갖는 두려움인 '소문'을 줄이기 위해서라도 빠른 신고가 필요합니다. 특히 조직 내 성범죄는 더 그렇습니다. 수사기관이 사건에 개입하면 회사 관계자는 피해자의 인적사항을 철저히 보호해야 합니다. 그렇지 않으면 법에 의해 회사 관계자가 형사처벌을 받을 수 있습니다.

조직 내 성범죄는 모두 면식범에 의해 일어납니다. 사람들은 흔히 강간 사건이, 지나가는 불특정 대상을 가해자가 폭력으로 때려눕혀 꼼짝 못하게 만든 뒤 때리고 위협해서 일어난다고 생각합니다. 하지만 이는 오해입니다. 앞서도 얘기했듯이 성폭행은 면식범에 의해 일어나는 경우가 많습니다. 또한, 폭력으로 때려눕히지 않아도 상대방의 동의를 구하지 않은 성행위는 엄연히 성폭행에 해당합니다.

피해자들은 이런 조직 내 성폭행, 지인 강간의 특수성 때문에 더 많은 상처를 받습니다. 믿었던 사람에게 당했다는 배신감, 존경하던 사람이 자기를 물건처럼 취급하고 인간적으로 존중하지 않았다는 것에서 오는 모멸감, 아는 사람을 심판대에 세워야 한다는 심적 부담, 자기가 범죄자를 사전에 알아보지 못했다는 것과 폭력을 동원해서라도 저항하지 못한 사실 때문에 자괴감과 죄책감을 느낍니다.

분명히 나쁜 놈인데, 대놓고 나쁜 놈이라 욕할 수 없는 것은 사회적 분위기 때문일 것입니다. 이런 일이 한국 사회에서만 일어나는 것일까요? 전혀 그렇지 않습니다. 모두 아시다시피 '미투' 운동은 미국의 유명인사들 사이에서 시작되었습니다. 서구 국가들 중 우리보다 성평등 면에서 앞서 있다고 생각되는 나라들에서도 거의 같은 형태의 조직 내 성범죄와 지인 강간, 그루밍 성폭행이 비일비재하게 일어납니다.

성범죄 발생 시 제일 먼저 해야 할 일은 신고입니다. 강간, 준강간, 강제추행 등은 강력 성범죄로 분류됩니다. 이런 사건이 발생한 후 가장 먼저 해야 할 일은 신고입니다.

1. 112에 신고합니다.

신고는 최대한 신속하게 하는 것이 좋습니다. 신고가 빠르면 빠를수록 진술의 신빙성이 높다고 판단합니다.

2. 처벌을 원한다는 의사를 분명하게 말합니다.

신고를 하면 경찰관이 바로 현장에 도착해 증거를 수집하기 때문에 가해자가 현장을 이탈하기 전에 신고하면 더더욱 좋습니다. 또한, 경찰관이 도착하면 처벌을 원한다는 의사를 분명히 말해야 합니다. 수사관 대부분은 그렇지 않지만, 간혹 성범죄 피해를 남녀의 단순한 애정 관계에서 오는 문제로 치부하는 수사관도 있을 수 있습니다. 수사관에게 처벌 의사를 분명히 밝히지 않으면 입건조차 하지 않을 가능성도 배제할 수 없습니다. 뭐든지 분명한 것이 좋습니다.

3. 증거 수집을 요청합니다.

경찰관에게 처벌을 원한다는 의사를 명확히 밝혔으면 수사관에게 증거 수집을 요청합니다.

CCTV 등의 영상은 보관 기간이 정해져 있어 일정 기간이 지나면 삭제됩니다. 운이 나쁘면 만 하루도 안 되어 영상이 삭제되는 경우도 있습니다. 게다가 영업장의 경우 녹화를 아예 안 하는 곳도 있습니다. CCTV가 없거나 고장이 난 경우 다른 영상을 확보하기 위해 인근 차량의 블랙박스를 활용하기도 하는데, 메모리 용량이 적은 블랙박스는 하루 이틀 분량밖에 저장이 안 됩니다. 또, 차량 소유자에게 일일이 연락해야 하므로 꽤 귀찮은 일이 될 수도 있겠죠. 수사관이 증거 수집을 게을리해서 인근 증거 영상 확보를 놓치는 경우도 있습니다.

또한, 참고인이 될 수 있는 사람의 진술도 모두 확보해야 합니다. 사람은 망각의 동물입니다. 거짓 진술을 하거나 기억이 왜곡되는 경우가 있습니다. 수사관이 이를 게을리하지 않는지 확인하고, 피해자 본인도 가능하면 진술을 녹음하거나 현장 상황을 스스로 채집하는 적극성을 발휘해야 합니다. 사건 직후의 진술이 가장 정확하다는 통념이 있으니 본인의 기억도 잘 기록해두는 게 좋습니다.

성범죄는 은밀한 곳에서 일어납니다. 따라서 직접적 증거의 확보가 어렵습니다. 하지만 작은 단서도 경우에 따라 가해자의 범죄 사실을 밝히는 데 결정적인 역할을 할 수 있으므로 모든 것을 수집하는 게 중요합니다.

4. 필요한 증거들은 다음과 같습니다.

가해자의 물리적 유형력 행사의 증거가 필요합니다. 말하자면, 가해자가 물리적으로 어떤 유의 행동을 했는지에 대한 증거를 확보하는 것입니다. 가해자가 피해자를 제압하려다 서로 몸싸움을 벌여 물건을 깨트렸다거나 밀쳐서 떨어뜨린 것 등입니다. 떨어진 단추나 머리핀도 가능하니다. 피해자가 저항했고, 이에 대해 가해자가 완력으로 제압한 모든 증거를 말합니다. 특히 신체에 남은 증거는 매우 중요합니다. 상처는 시간이 지나면 없어지기 때문에 현장에서 바로 사진으로 남겨놓는 것이 중요합니다. 그러나 가해자가 피해자를 몸으로 눌렀을 때는 특정한 상처가 남지 않을 수 있습니다. 이때의 증거는 진술입니다. 가해자가 어떻게 물리적 유형력을 사용하여 제압하였는지 육하원칙에 맞춰 시간 순서대로 구체적으로 진술해야 합니다.

5. 정확하고 확고한 진술이 중요합니다.

피해자는 자신의 기억을 최대한 정확하게 정리하여 진술합니다. 피해자의 진술이 과연 증거가 될 수 있느냐는 질문을 많이 받습니다. 하지만 당사자가 직접 겪지 않으면 진술할 수 없는 것들이 분명 존재합니다. 인간은 거짓말을 할 수 있지만 꾸며내어 하는 말에는 어딘가 허점이 있기 마련입니다. 진술은 과학적 분석이 가능한 결정적 도구입니다.

5

싸움의 시작

• • • • • •

경찰에 신고하게 되면 피해자 진술의 증거를 확보하기 위해 가까운 해바라기센터로 가게 됩니다. 해바라기센터는 '성폭력·가정폭력·성매매 피해자 및 그 가족 대상 365일 24시간 상담 지원, 의료 지원, 법률·수사 지원, 심리치료 지원 등의 서비스를 통합적으로 제공함으로써 피해자가 폭력 피해로 인한 위기 상황에 대처하고 2차 피해를 방지할 수 있도록 지원하는 기관'입니다. 말하자면 해바라기센터는 피해자가 최대한 안정을 취하고 수사를 진행할 수 있도록 만들어진 기관입니다.

신고 후 처음으로 겪게 되는 일

경찰에 신고했더라도, 피해자는 겪지 말아야 할 일을 겪은 상황이라 심신이 불안정할 수밖에 없습니다.

　해바라기센터는 원칙적으로 연령대와 성별에 상관없이 365일 24시간 내내 상담과 수사를 지원합니다. 다만, 19세 미만의 아동·청소년 전문상담과 성별·나이를 불문한 지적장애인 전문상담은 월요일부터 금요일까지, 9시부터 18시까지 운영합니다. 이는 아동·청소년과 지적장애인 전문상담을 별도로 운영한다는 것이지, 야간이나 주말에 아동·청소년과 지적장애인 상담을 하지 않는다는 것이 아닙니다.

　해바라기센터는 상담과 의료, 수사와 법률을 우선 지원하게 되는데, 신체에 남은 증거를 찾기 위해 의료적 검사를 진행합니다. 즉 DNA, 상흔 등의 검사를 하고 증거를 채집합니다. 그리고 피해자는 센터에 상주하는 여성 경찰관에게 피해 사실을 진술하고, 우선 국선변호사를 지원받습니다. 조사가 진행될 때 변호사가 있어야 하는데 긴급한 상황에서 사선 변호사를 선임할 수 있는 사람은 극소수에 지나지 않기 때문에 우선 국선변호사를 지원하는 것이죠.

　이 과정을 겪은 피해자들이 불만을 토로하는 경우가 있습니다. 일단 진술조서가 충실히 작성되지 않는 경우가 많습니다. 변호사가 입회했음에도 불구하고 조서에 비문이 많고 내용에 오류가 있다든지 하는 것입니다. 사례 1번 중견 기업 사건의 피해자 A 씨의 경우도 그러했습니다.

A 씨는 재빠르게 경찰에 신고했고, 바로 해바라기센터로 이동하여 상담과 의료 지원을 받았습니다. 그런데 A 씨는 의료 지원부터 불쾌했다고 합니다. A 씨의 동의 없이 남성 의료인이 들어와 A 씨의 몸에 남은 상처를 확인하고 DNA를 채취했다더군요. 건강 검진을 위해 산부인과를 방문한 것이라면 모를까, A 씨는 방금 남성으로부터 성폭행을 당한 사람이었습니다. 저도 이 부분은 이해하기 어려웠습니다.

게다가 제가 A 씨의 사건을 맡고 난 뒤 A 씨가 해바라기센터에서 작성한 조서를 읽어보게 되었는데, 조서의 내용을 이해하기 힘들었습니다. 비문도 너무 많았고요. 제대로 의미를 파악하기 위해 수차례나 반복해서 읽어야 했습니다. 왜 이런 조서가 만들어졌는지 납득할 수 없었습니다. 변호사는 조서가 작성된 후 열람하고 변호사 본인의 도장을 찍게 되어 있습니다. 내용에 문제가 있거나 진술과 조서가 일치하지 않으면 변호사는 문제를 제기하고 조서 내용의 수정을 요구할 수 있습니다. 변호사는 조서가 법률적으로 어떻게 해석될지 아는 전문가이기 때문에 그 자리에 있는 것이죠. 하지만 국선변호사가 동석했음에도 A 씨의 진술조서는 그렇지 못했습니다.

나중에 A 씨에게 물어보니 진술을 하는 내내 혼란스럽고 무서웠다고 했습니다. 담당 수사관과 변호사는 왜 좀 더 정확히 기억을 못 하느냐, 왜 좀 더 적극적으로 저항하지 않았느냐고 물으며 매우 답답해했답니다. A 씨는 신고 직후 해바라기센터로 갔기 때문에 공포와 충격에 휩싸여 있었습니다. 그런데 그런 상황을 이해하지 못하고 수사관과 변호사가 A 씨를 자꾸 추궁하자, A 씨는 마치 자신이 큰 잘못을 저질러 이 시간을 견디고 있다는 착각마저 들었습니다.

물론 A 씨는 매우 당황한 상태라 제대로 답변을 하지 못했을 가능성이 큽니다. 충분히 이해합니다. 그러나 A 씨의 이야기를 들으니, 꽤 많은 성범죄 피해자들이 시작부터 비통함을 금치 못하겠다는 생각이 들더군요. 경찰에 바로 신고할 정도로 충분히 사건에 대응할 자세가 되어 있다 해도 피해자로서 초기 진술을 하는 것은 어려운 일입니다. 물론 수사관이나 국선변호사가 다 이렇다고 볼 수는 없고, 늘 그렇다고 단정 짓기도 어렵습니다. 상황에 따라, 시간에 따라, 사건에 따라, 사람에 따라, 운이 나쁠 '경우의 수'는 얼마나 많은가요. 다만, 때로는 이렇게 더 안 좋은 상황도 펼쳐질 수 있다는 것입니다.

제가 지금까지 만났던 해바라기센터의 수사관과 직원들은 무척 열정적이었고 직업윤리의식도 높은 분들이었습니다. 2018년, 경인 지역이었습니다. 피해자들이 새벽 2시까지 진술을 했는데 수사관은 하나도 지친 기색 없이 성실하게 피해자의 입장에서 들어줬습니다. 늘 이런 사람들을 만날 수 있다면야 좋겠지만 그렇지 않은 경우도 있습니다. 그럴 때는 법정 다툼에서 억울한 일을 당하지 않도록 자신에게 잘 맞는 변호사를 선임할 필요가 있습니다.

해바라기센터에서 기초진술과 의료지원을 받아 몇 가지 검사를 통한 증거 채취의 과정을 마치고 나면, 해당 증거와 진술서는 해바라기센터에서 정리하여 사건을 수사할 일선 경찰서의 담당 수사관에게 송부합니다. 언뜻 보면 번거로운 과정이지만 피해자가 부담 갖지 않고 충실히 자기 피해를 진술, 입증할 수 있는 환경이 마련될 필요가 있기 때문입니다.

그런데 해바라기센터와 일선 경찰과의 연계가 실무적으로 원활하지 않을 때도 있습니다. 기록을 보냈는데도 며칠 동안 담당 수사관이 결정되지 않는 경우도 있습니다. 경찰이 바로 범죄현장에 출동해 증거를 수집하고 피해자와 대면했다면 큰 문제가 없겠습니다만, 경찰이 바로 현장 출동하기 어려운 상황에서 피해자가 해바라기센터부터 방문했다거나 다른 상담지원기관에서 해바라기센터로 연결해준 경우에는 결정적 증거를 수집할 기회를 놓칠 수도 있습니다. 피해자가 직접 증거를 수집하는 것이 여간 어려운 일이 아니기 때문입니다. 특히 CCTV 영상 확보는 개인이 진행하기 어려운 면이 훨씬 많습니다.

사실, 위의 A 씨는 바로 경찰에 신고했고, 경찰의 안내에 따라 해바라기센터로 이동해 필요한 진술과 증거를 채집하였지만, 경찰은 숙박업소의 CCTV 영상과 종업원 진술을 확보하지 못했습니다. 경찰은 현장을 방문했다고 하지만 나중에 확인한 결과 경찰은 숙박업소에 찾아온 적도 없었다고 합니다. 따라서 해바라기센터에서 담당 수사관이 결정되었다는 통보를 받으면 수사가 제대로 진행되고 있는지 피해자가 직접 확인해야 합니다. 이런 이야기를 한다는 것 자체가 참담합니다만, 현실적으로 그 외에 다른 말씀을 드릴 수 없습니다. 안타까운 일입니다.

변호사의 역할

성범죄 피해자는 국가 지원으로 국선변호사 선임의 기회를 얻을 수 있습니다. 하지만 국선변호사의 충실한 변호를 기대하기엔 현실적 한계가 있습니다. 국선 변호는 변호사 선임료가 비현실적으로 낮게 책정되어 있는데다가 현직 변호사들이 돌아가면서 봉사활동처럼 맡게 됩니다. 상황에 따라 다르지만 다른 사건을 진행하고 있거나 유달리 복잡한 사건을 맡고 있는 경우라거나 혹은 개인의 성향에 따라 국선 변호의 질이 달라질 수밖에 없습니다.

저도 예전에 법률구조공단 수원지부에서 법무관으로 일했습니다. 변호사들이 대체복무로 들어가는 경우입니다. 국가 예산을 지원받아 변호사 선임이 어려운 사람들의 변호를 맡는 일인데요. 일반적으로 변호사가 1년에 200여 건의 사건을 처리하기도 힘듭니다. 1년이 365일인데 이틀에 사건 하나를 처리한다는 게 사실상 불가능하죠. 그러나 법률구조공단은 이런 사정을 봐줄 수 없습니다. 변호사를 선임할 수 없으나 변호사의 도움이 필요한 사람들은 차고 넘칩니다. 법률구조공단 수원지부에서는 변호사 한 명이 1년에 평균 700~800여 건의 사건을 처리합니다. 제대로 서류를 검토할 시간조차 모자랍니다. 일의 강도가 너무 세다 보니 아무리 최선을 다해도 물리적 한계가 있어 사건 처리가 완벽하게 이루어지기는 사실 힘듭니다. 즉, 한 사건이라도 제대로 변호하고 필요한 사람에게 도움이 되어야 할 텐데, 그럴 수 있는 여건이 안 됩니다. 이후 저는 제대로 할 수 없는 일은 하지 않겠다는 결심을 했습니다. 그래서 제대 후 국선 변호를 한 번도 맡지 않았습니다. 자신이 없었습니다. 제 사명감이 부족한 탓일 수도 있습니다. 대신 정말 도움이 필요하신 분들에 한해 티 나지 않게 무료 변론을 하는 것으로 마음의 빚을 갚고 있습니다.

성범죄 피해의 경우 신고만 제때 이루어지면 대부분 형사사건으로 바로 입건됩니다. 형사사건의 경우 변호사가 크게 신경 쓰지 않아도 수사기관이 알아서 증거를 수집하는 등 사건 수사가 이루어지기 때문에 업무에 치이는 국선변호사가 피해자 변호를 제대로 할 가능성은 낮아집니다. 이를 개인의 품성 때문이라고 단정 짓기는 어렵습니다. 그러다 보니 국선변호사가 매번 사명감으로 의무를 다하기 어렵습니다. 변호사가 의무를 다하지 않더라도 수사기관이 수사를 진행하며, 검사가 기소 여부를 결정하고 재판까지 일사천리로 진행됩니다. 그래서 변호사의 역할이 없어 보이기도 합니다.

그러나 이런 경우에 흔히 미흡한 점이 발견되기도 합니다. 충분히 기소가 가능한 사건인데 무혐의 처분이 나기도 하고, 무죄판결이 나기도 합니다.

그렇다면 수사를 제대로 하지 않는 것일까요? 그렇다고 단정하기도 어렵습니다. 사실, 수사기관 역시 인력과 시간이 부족합니다. 피해자 측 변호사가 열정을 가지고 범죄 사실을 입증하기 위한 의견을 정확히 피력하지 않으면 수사기관이 중요한 사실을 놓치는 안타까운 경우가 발생하는 것이죠. 우리는 흔히 어떤 사안이 잘 해결되지 않으면 개인의 탓으로 돌리곤 하지만, 그 이면을 살펴보면 구조적으로 허점이 많아서 개인이 열정적으로 파고들지 않으면 성과가 잘 나지 않는 경우가 비일비재합니다. 수사기관은 늘 여러 사건들에 매달려 있습니다. 한 가지 사건에 집중하고 싶어도 사건은 계속 일어나니까요. 따라서 수사에 대한 강력한 의지가 있거나 확실한 증거를 확보했을 때 일이 더 쉽게 풀릴 수밖에 없습니다.

제 지인 중에도 국선 변호를 맡았을 때 최선을 다하는 존경스러운 분들이 있습니다. 하지만 모든 사람이 훌륭할 수는 없습니다. 상황이 안 좋으면 결과도 미덥지 않습니다. 수사관이 확고한 수사 의지를 보이지 않을 때는 곧바로 변호사를 선임하는 것이 만족스러운 결과를 내는 데 도움이 됩니다.

또한, 성폭력 사건은 강간과 준강간, 강제추행의 구분이 모호한 경우가 많습니다. 강간과 준강간만을 놓고 보면 피해자가 의식이 있었느냐와 폭력을 사용했느냐가 중요한데, 이를 어떻게 해석하느냐는 케이스마다 전부 다릅니다. 대부분 대법원의 판례에 준하지만, 하급심 (3심인 대법원 판결이 아닌 1, 2심 판결)에서 기존의 대법원 판례를 따르지 않는 판결이 나오기도 합니다. 시대가 변하면서 판결도 조금씩 변화하기 때문이죠. 그러니, 각 사건의 구체적 상황과 당시의 사회 분위기에 따라 판결이 달라질 수밖에 없습니다.

고소 이후 검사가 무혐의 처분을 해버리면 피해자는 그 처분에 불복할 수는 있지만, 추후 무혐의 처분이 확정되면 같은 사실로 다시 고소할 수는 없습니다. 강간과 준강간, 강제추행과 강간 미수의 모호한 경계에서 단순히 형을 더 받게 하려고 무리하게 고소할 경우 수사기관은 피해자에 대해 신뢰를 잃게 되고 결국 무혐의 처분이 나는 경우도 있습니다. 피해자가 변호사를 선임하는 이유는 이런 구분을 명확히 하여 가해자 처벌의 확률을 높이기 위해서입니다. 또한, 피해자 입장에서는 검찰이 어느 죄목으로 기소하느냐가 재판부의 판단범위에 영향을 주기 때문에 검찰의 기소가 아주 정교하게 진행되어야 할 필요가 있습니다. 그 초석을 피해자(변호사)가 제대로 놓아야 하는 것이죠.

검찰의 기소

요즘은 TV 드라마나 영화에서 법조계 종사자들을 다룬 작품이 많이 나와 법조계 각 직군에 대한 대중의 인지도도 높아졌습니다. 검사는 피해자 편에 서서 가해자가 처벌받을 수 있도록 법을 해석하는 사람입니다. 검사는 공무원입니다. 판사는 검사와 변호사의 이야기를 듣고 법률적 해석을 통해 판결을 내립니다.

검사는 언뜻 피해자의 대변인으로 생각될 수 있지만 늘 피해자를 대변하는 것은 아닙니다. 오히려 검사는 범죄자의 반대에 서 있는 편이라고 하는 게 더 정확한 표현입니다. 이를테면 검사는 피해자가 거짓 피해자일 경우도 늘 염두에 두고 있다는 것입니다.

검사의 권한이 너무 세다는 이야기를 들어보셨을 겁니다. 이는 기소권을 검사만 갖기 때문에 나오는 말입니다. '기소독점주의'라고 하죠. 형사사건에 대해 법원의 심판을 구하는 것을 기소라고 합니다.

기소의 권한은 현행법상 검사에게만 있습니다. 검사는 경찰이 해온 수사결과를 보고 가해자가 성범죄를 저질렀는지 아닌지 판단합니다. 죄질이 좋지 않아 정식 재판을 받는 것이 옳다는 결론을 내리면 공판을 구하게 됩니다. '구공판'이라고 하고 '기소한다'고도 합니다. '구공판'은 한자로 求公判이라고 씁니다. 즉, '공식적 판결을 구한다'는 말입니다. 법률용어로는 '기소처분'이라고 합니다. 이에 상대되는 개념으로 '불기소처분'이 있습니다. 검사가 봤을 때, 피의자가 성범죄를 저질렀다고 판단할 수 없을 때 법원에 보내지 않는다는 것입니다. 즉, 재판을 구하지 않는다는 것이죠.

한편, 구공판과 다른 '약식기소'라는 것도 있습니다. 약식기소는 약식을 구한다고 해서 '구약식(求略式)'이라고도 씁니다. 검사가 봤을 때, 피의자의 죄가 가벼워 금고형이나 징역형보다 벌금형에 해당한다고 판단할 때 약식기소를 합니다. 이 판단은 검사만 할 수 있습니다.

검사는 기소 여부를 결정하기 위해 수사를 지휘하는 권한을 갖습니다. 수사를 맡은 경찰관에게 해당 사건을 어떻게 수사할 것인지 결정해 주고 지휘하는 역할을 합니다. 경찰의 수사결과와 확보된 증거를 보고 기소에 불리하지 않도록 추가 증거를 확보하라고 지시하거나 피의자 진술을 더 받아낼 수도 있습니다.

검찰의 권한이 이처럼 막강하기 때문에 경찰과 때로 갈등을 빚기도 합니다. 그런 상황이 이야깃거리가 풍부하기 때문에 영화나 드라마의 소재가 되는 거겠지요.

검사가 기소하면 성범죄 가해자는 피의자에서 피고인이 됩니다. 법정에서 범죄 사실을 의심받는 사람은 검사의 기소로 피고인이 되는 것이고, 이제 재판부의 판단 즉, 판결을 받아야 하는 입장에 서게 되는 것입니다. 성범죄 피해자의 변호사는 여기서 판사가 검사의 주장을 의심하거나 증거가 불충분하다고 할 때 검사의 동의를 구해 검사의 주장

社 생 활 변 호 사

에 힘을 실어주는 조력자의 역할을 합니다.

물론, 성범죄 가해자도 피의자(고소나 범죄 인지를 당해서 입건된 경우)나 피고인(수사 후 검사에 의해 기소된 경우)이 되면 변호사를 선임할 수 있습니다.

검사는 수사와 재판에 임하는 공적 업무를 전담하고, 피해자 변호사는 검사를 도와 피해자를 보호하면서 최대한 피해자의 진실을 입증하는 공사의 영역을 넘나들게 됩니다. 물론 피의자 변호인은 수사과정에서, 피고인 변호인은 공판과정에서 각각 피의자·피고인의 조력자가 되어 검사 및 피해자 변호사의 반대편에서 일합니다. 검사가 모든 준비를 마치고 기소하게 되면 그때부터 공판이 시작됩니다. 공판은 '공적인 판결'이라는 뜻입니다.

tip box

1. 공판과 약식기소
약식기소는 검사가 금고형이나 징역형보다 벌금형이 맞는다고 판단하여, 법원에 약식으로 형벌을 결정해 명령해달라고 청구하는 것을 말합니다. 공소제기와 별개의 소송행위지만 실제로 약식공소장을 내면서 공소제기와 같이 청구합니다. 형사소송 절차를 통하면 시간이 오래 걸리고 일도 많아집니다. 피의자도 변호사를 오래 선임해야 합니다. 사건 관계자 모두가 시간과 노동을 낭비하게 된다고 보는 것입니다. 피의자의 죄질이 나쁘지 않고 그 죄가 가벼울 경우 조속한 혐의확정과 업무 부담 경감을 위해 도입한 제도입니다.

구공판은 약식기소를 제외한 기소와 판결을 통해 범죄를 명백히 가려내고 형벌을 정해야 할 때 정식절차를 따르는 것을 말합니다.

2. 대표적 형벌(생명형과 명예형 제외)

한국의 형벌을 형법에 따라 분류하면 생명형(사형), 자유형(징역, 금고), 명예형(자격상실, 자격정지), 재산형(벌금) 등이 있습니다. 전과기록은 이 중 가장 가벼운 벌금형부터 남습니다.

- **징역형** : 무기징역형과 유기징역형으로 구분됩니다. 금고형과의 차이점은 교정기관 내 노동 여부입니다. 징역형은 노동을 해야 하고 금고형은 노동을 하지 않습니다. 징역에서 노동으로 얻은 수입은 국고로 귀속되는 것이 원칙이지만 조금씩 변하고 있습니다.

- **금고형** : 무기금고형과 유기금고형으로 구분됩니다. 징역과 마찬가지로 30년형이 최대이며 가중할 때는 50년까지도 가능합니다. 금고형은 주로 비파렴치범이라 하는 양심수나 정치범, 실수로 죄를 지은 것이 확실한 과실범에게 선고되었지만, 지금은 거의 사문화되었습니다.

- **벌금형** : 돈을 내게 하는 형벌로 최소금액은 5만 원이며 상한금액은 없습니다. 판결 확정일로부터 30일 이내에 납부해야 하며, 이 기간을 넘기면 노역을 치러야 합니다. 벌금형은 돈을 내면 신체구속은 없습니다.

공판의 시작, 진술과 증명

검사가 기소하면 그때부터 공판이 시작됩니다. 공판은 판결을 요청하는 것으로, 서로 간의 시시비비를 가리는 일입니다. 대부분의 수사는 피해자를 배려하며 진행하지만, 가해자도 그 범죄를 완전히 밝히기 전까지는 무죄 추정의 원칙을 적용하기 때문에 수사는 중립적 입장에서 진행합니다. 만에 하나라도 억울한 사람이 없도록 하기 위해서 법은 여러 가지 장치를 만들어놓고 있습니다.

공판이 시작되면 성범죄 피해자는 새로운 역할을 맡게 됩니다. 바로 증인이 되는 것입니다. 자기가 피해를 본 사건에 증인이 된다는 것이 이상하게 들릴지 모르지만, 증인은 사건을 목격한 사람을 모두 지칭하는 말이므로 자기 사건을 가장 잘 기억하고 있는 피해자는 피해자일 뿐만 아니라 사건의 가장 정확한 증인이기도 합니다.

성범죄 피해자가 법정 다툼에서 꼭 지켜야 할 것은 상세하고 구체적이며 일관된 진술입니다. 검찰청에서는 '진술 분석'을 수사 지원의 한 분야로 규정하고 있습니다. 대검찰청 공식 정의에 따르면 '진술 분석'은, 실제 경험한 사건에 대한 진술과 허위로 꾸며낸 진술 또는 상상에 의한 진술 사이에는 그 내용과 질에 있어 차이가 있다는 것을 기본 전제로 하여, 진술인의 진술이 진실한지 아닌지를 과학적으로 분석하는 기법을 말합니다. 대부분의 진술은 면담을 통해 진술인이 기억을 잘 떠올릴 수 있도록 검찰 관계자가 돕고 이 과정을 영상으로 녹화하며 분석에 활용합니다. 특히 성폭력과 학대 사건의 아동, 청소년, 지적 장애인 피해자 등과 성폭력 사건의 PTSD(외상후스트레스장애)로 조사가 어려운 성인 피해자들을 많이 돕습니다.

법원에서는 피해자가 증인으로 출석했을 때 가해자와 가해자 쪽 변호사에게 반대신문의 기회를 줍니다. 앞서 말했듯이 법적으로 범죄 사실을 규명하기 전에는 유죄라고 확신하지 않기 때문입니다. 가해자가 공소사실에 대해 이의 없이 자백할 수도 있지만, 그렇지 않은 경우 증거와 피해자 진술을 가지고 범죄 사실 여부를 증명합니다. 검사는 피해자를 믿고 기소했기 때문에 피해자 편에서 질문합니다.

반면 성범죄 가해자의 변호사는 가해자를 보호해야 하므로 성범죄 피해자의 진술에서 허점을 찾아내려고 하죠. 이 과정에서 피해자는 끔찍한 기억을 다시 떠올릴 수밖에 없습니다. 결코 쉬운 일은 아닙니다. 하지만 피할 수 없는 일입니다. 지켜보는 입장에서도 참담하지만, 가해자를 처벌하기 위해서는 꼭 해야 하는 일입니다.

이 때, 피해자 요청에 따라 가림막(차폐시설)을 설치하거나 가해자를 법정에서 나가게 한 다음에 신문할 수 있습니다. 피해자는 가해자를 마주하는 게 당연히 고통스러우니 사전에 이 부분을 점검해야 합니다.

일반적으로 성범죄가 아닌 다른 사건의 범죄 피해자가 재판에 참석할 때 변호사가 매번 같이 가진 않습니다. 법에서는 범죄 피해자의 변호사는 검사를 조력하는 역할로 정하기 때문에 검사가 그 역할을 다하면 변호사는 굳이 참석하지 않아도 됩니다. 하지만 성범죄의 경우는 좀 다릅니다. 증인신문을 할 때 피해자 변호사가 같이 나가면 가해자 변호사는 심리적으로 압박을 받습니다. 피해자를 곤란하게 하는 질문도 좀 덜 하게 되고요. 피해자가 조금 더 안정적으로 느끼기도 합니다. 성범죄 피해자는 담당 변호사가 있을 경우 가능하면 매번 공판에 함께 참석해달라고 요청하면 됩니다.

유일한 증거는 피해자의 진술

피해자의 진술이 유일한 증거가 되는 경우가 많습니다. 앞에서도 밝혔다시피 성범죄는 은밀하고 폐쇄된 공간에서 벌어집니다. 당사자 외의 목격자가 없는 경우가 대부분입니다. 따라서 피해자가 유일한 목격자이자 증인입니다. 진술이 어려운 것은 당연합니다만, 가해자 처벌을 위해 필수적인 일이라는 걸 다시 한 번 강조하고 싶습니다.

앞에서 말한 사례 7번 일반회사 동료 사건은 다른 사건들과 약간 다른 전개과정을 보이는데, 그 전개과정이 성폭행의 수사와 기소에 중요한 쟁점을 담고 있어 소개하고자 합니다. 남성 동료가 여성 동료의 집에서 술을 마시다 여성을 성폭행한 경우입니다. 이 사건의 피해자 G 씨는 사소한 은폐로 난처한 상황에 처하게 되었습니다.

G 씨는 직장 동료와 집 밖에서 술을 마시다 자기 집으로 자리를 옮겨 허심탄회하게 이야기를 나누고 술도 더 마셨습니다. 직장 동료가 갑자기 돌변해 G 씨에게 강간을 시도했습니다. G 씨는 완강하게 저항했으나 동료는 G 씨의 거부 의사를 무시하고 폭력적으로 제압한 뒤 간음했습니다. 피해자 G 씨는 큰 충격을 받았고 바로 경찰에 신고했습니다. 가해자는 집 근처에서 바로 체포되었고, 피해자도 바로 경찰에 출두해 피해 사실을 진술했습니다.

G 씨가 진술 과정에서 만나게 된 수사관은 여성이었습니다. 이 수사관은 이성 관계에 대해 매우 엄격하고 보수적으로 보였다고 합니다. 수사관은 피해자에게 "집에 남성을 들였을 때는 성관계를 염두에 두고 있었던 것이 아닌가요?"라고 물었습니다. 피해자는 순간 당황했습니다. 피해자는 수사관의 가치관이 자신의 그것과 사뭇 다르다는 걸 인지했고, 자칫 합의하에 성관계를 했다는 오해를 받겠다는 위기의식을 느꼈습니다. 많은 성범죄 피해자들은 자신이 피해를 당했다는 것을 알면서도 자기가 성범죄 발생의 여지를 제공했다는 죄책감에 시달리게 됩니다. 사회적인 통념 때문에 피해자들이 갖게 되는 죄책감입니다.

당황한 피해자 G 씨는, 가해자 외에 단순한 이성 친구와 동료들을 혼자 집에 들인 적이 있느냐는 질문에, 종종 그런 일이 있었음에도 불구하고 "남성 한 명을 집에 초대한 것은 처음이고 여러 명이 놀러 온 적은 몇 번 있다"라고 거짓 답변을 했습니다. 이 답변은 나중에 여성의 피해 사실을 입증하는 데 걸림돌이 되었습니다.

가해 남성은 피의자로 조사를 받으면서, 이 여성이 개방적인 이성 관계를 맺고 있다는 증거를 제출하면 자신의 범죄 사실이 입증되기 어려울 것으로 판단했습니다. 가해자는 다른 직장 동료와 통화한 내용을 녹취해 제출했습니다. 다른 남성 동료가 혼자서 피해자의 집에 놀러 가 같이 영화를 보고 차를 마신 적이 있다는 내용이었습니다. 여기서 수사관은 그녀의 진술에 신빙성이 없다고 판단하게 되었습니다. 평소 다른 이성을 집으로 불러들인 생활양식을 문제 삼은 것은 아닙니다. 수사관은 피해자가 거짓말을 했기 때문에 그녀의 진술을 여러 차례 재확인했습니다. 수사관의 의심으로 피해자는 수차례 조사를 받게 되었고 결국 가해자와 대질신문까지 하게 되었습니다. 다행히 G 씨는 조사에 지치지 않고 끝까지 수사와 진술을 포기하지 않았습니다. 이로써 가해자는 처벌을 받게 되었지만, G 씨는 한 번에 끝날 수 있는 조사를 수차례 반복하는 어려운 과정을 겪었습니다.

피해자의 진술은 진실을 기초로 하고 일관되어야 합니다. 그렇지 않을 경우 불필요한 오해를 살 수 있고 수사가 불리한 방향으로 진행될 수 있습니다.

진술과 조사의 고통

성범죄에서 피해자는 가해자의 부정과 부인 때문에 반복해서 진술해야 할 때도 있습니다(가해자의 부정과 부인에 대해서는 바로 이어서 다룹니다). 조사가 한 번으로 끝나는 경우는 흔치 않습니다. 이 과정에서 돌이킬 수 없는 실수가 생기기도 합니다. 사람의 기억은 왜곡되기 쉽고 가끔 잊히기도 합니다. 자기 의도와 다르게 말실수를 하게 되는 경우도 종종 있습니다. 심한 충격으로 기억이 나지 않는 경우도 있습니다. 첫 번째 진술을 담담하게 잘 해냈는데 두 번째 진술부터 상황이 꼬이는 경우도 생깁니다. 바로 앞에 언급한 G 씨의 진술 오류는 피해자가 사회적 비난이 두려워서 실수한 경우지만, 그 외에 자기 기억이 소실되어 진술을 제대로 못 하는 경우도 생깁니다.

그런 경우 어떻게 대처해야 할까요?

첫 진술은 대부분 명료한 기억으로 잘 이야기할 수 있습니다. 그러나 말을 하고 난 뒤 돌아보면 앞뒤 상황이 뒤바뀐 것 같기도 할 겁니다. 이때 자기가 겪은 범죄 사실을 모두 메모해두고 시간대별로 내용을 정리해두는 일이 필요합니다. 이렇게까지 해야 한다는 게 참으로 비통한 일이지만 어쩔 수 없습니다.

우선, 수차례 조사를 받으면서 수사관의 말이나 태도에 상처받지 말아야 합니다. 어떻게 상처를 받지 않느냐고요? 정답은 없지만, 굳은 의지로 수사관의 질문을 담담하게 들어야 합니다. 수사기관은 내 편을 들어줄 것 같지만 그렇지 않습니다. 중립적이고 객관적인 입장을 취해야 하는 게 수사기관과 법원입니다. 드물게 피해자와 가해자가 역전되는 일도 있고, 억울한 경우를 만들지 않기 위해서죠. 수사기관과 법원에서는 판결이 나기 전까지는 피해자를 피해자라고 보지 않습니다. 단지 '피해를 주장하는 입장'이라고 생각하고 조사합니다.

따라서 수사관은 피해자 진술의 일관성과 논리적 전개를 계속 점검합니다. 이 과정에서 피해자가 상처받는 일들이 많습니다. '나는 피해자인데 왜 이 사람은 내 말을 믿어주지 않을까' '왜 자꾸 나를 추궁할까' 하며 괴로운 마음이 들죠. 그러면서 위축되기도 합니다. 하지만 수사관의 입장을 꼭 기억해야 합니다. 이 사람은 나를 믿어줄 의무가 없습니다. 따라서 수사관이 계속 불편한 질문을 하더라도 자기주장을 끝까지 밀고 나가야 합니다. 내가 가지고 있는 기억이 최고의 무기이기 때문입니다.

변호인으로서 괴로워하는 피해자를 곁에서 지켜보는 것도 쉽지 않습니다. 하지만 그런 내색을 해서는 안 되겠죠. 저는 피해자들에게 '진실은 밝혀진다. 상처받지 말고 수사에 임해야 한다. 강인해져야 한다'고 말할 수밖에 없습니다. 진술이 누적되고 조사가 길어질수록, 피해자에게 극단적으로 불리한 증거만 나오지 않으면 결과는 진실에 따라 판가름 납니다. 겪어보니 그렇더라고요. 제가 세상의 모든 케이스를 접한 것은 아니지만 가끔 저도 진실의 힘에 놀라곤 합니다. 그래서 '오로지 믿을 것은 진실'이라는 생각이 점점 강해집니다.

가해자의 부정과 부인

성범죄 사건이 어려운 점은 피해자가 스스로 자신의 피해를 입증해야 한다는 점입니다. 가해자가 순순히 자백하는 경우도 있지만, 법적으로 범죄 사실을 입증하기 위해서는 피해자의 진술이 우선된다는 것을 앞서 여러 차례 강조했습니다. 경찰은 피해자의 진술을 먼저 확보한 뒤에 가해자 심문을 하게 됩니다.

'심문'과 '신문'은 비슷하지만 조금 다릅니다. 사전을 보면 심문(審問)은 '법원이 당사자나 그 밖에 이해관계가 있는 사람에게 서면이나 구두로 개별적으로 진술할 기회를 주는 일'이라고 쓰여 있습니다. 신문(訊問)은 '법원이나 기타 국가기관이 어떤 사건에 관하여 증인, 당사자, 피고인 등에게 말로 물어 조사하는 일'이라고 적혀 있고요. 따라서 '심문'이 조금 더 넓은 의미를 갖습니다. 또한 '심문'은 자세하게 따져 묻는 것이고, '신문'은 알고 있는 사실을 묻는 것이기도 합니다. 그래서 증인 '신문'이라고 합니다.

피해자 진술을 확보한 경찰은 피의자인 가해자를 불러 조사하게 됩니다. 이 과정에서 피의자들은 자신의 범죄 사실을 인정하지 않는 쪽으로 갖은 방법을 쓰게 됩니다.

성범죄 가해자 중에 경찰에 불려가 범죄를 인정하고 잘못을 구하는 경우도 더러 있지만, 이런 경우는 전체 피의자 중 5%도 되지 않습니다. 가해자 대다수는 몇 단계에 거쳐 자기 범죄 사실을 부인하는데, 그 첫 번째 단계는 다시 두 가지 패턴으로 나눌 수 있습니다.

첫 번째로는 성관계 자체가 없었다고 부인하는 것입니다. DNA 판독이 어렵던 시절엔 진술만으로 증거를 확보해야 하므로 피의자의 진술을 듣고 상황판단을 하는 경우가 많았습니다. 자기 DNA가 확보되지 않았을 거라고 확신하는 경우 가해자들은 일단 성적 접촉 자체를 부인합니다. 제가 변호사 생활을 하면서 가해자가 성행위 자체를 부인하는 경우는 딱 한 번 보았는데요. 다행히 DNA가 확보되어 그 가해자는 엄벌에 처해졌습니다. 최근 들어 과학수사가 발전하고 DNA 판독이 예전보다 쉬워지면서 이런 단순한 부인은 좀 줄어들었다고 합니다.

두 번째는 동의에 의한 성관계였다고 주장하는 것입니다. 준강간의 경우는 피해자가 의식불명이 아니었다고도 말합니다. 가해자 대부분이 그렇게 말합니다.

앞서 언급한 사례 4번 인테리어회사 사장 사건도 준강간 사건이었습니다. 피해자가 심신상실, 항거불능의 상태였던 거죠. 신입사원 D

씨는 사장에게 성범죄 피해를 당하자 처음엔 너무 놀라 신고를 못 했습니다. 꾹 참고 회사를 계속 다니기로 결심한 D 씨는 얼마 지나지 않아 다시 회식 자리에 참석하게 되었는데, 같은 일이 반복되었습니다. D 씨는 이 일을 계기로 회사를 그만두기로 결심했습니다.

D 씨는 더 이상 참을 수 없어서 가해자인 사장을 신고했고, 사장은 곧 소환되어 수사를 받게 되었습니다. 그러나 사장은 수사를 받으며 일관되게 범죄 사실을 부정했습니다. D 씨가 평소 자기에게 친절하게 대했고, 술에 취해서도 자기에게 기댔으며, 자기가 D 씨의 몸을 만졌을 때도 거부하지 않았다는 겁니다. 그래서 자기에게 호감을 느끼고 있다고 판단했으며, 성관계를 원하는 신체적 표현이 있었기에 자기도 D 씨의 요구에 응했다는 식이었습니다. 그는 둘이 호감을 가지고 있었다는 증거로 메신저 대화를 제출했습니다. 평소 D 씨가 자기에게 살갑게 굴었던 것이 그 증거라면서 말입니다. 따라서 자기는 성범죄를 저지른 것이 아니고, 상호합의에 의한 성관계를 한 것이라는 것입니다.

이럴 경우 사회적 통념에 따라 판단해봅니다. 호감의 유무를 떠나 D 씨가 자기 '밥줄'을 쥐고 있는 사람에게 친절한 것은 당연한 일입니다. 사장님인데요. 메신저 대화에 즉각 반응할 수밖에 없고, 부드럽고 상냥하게 대할 수밖에 없습니다. 사장의 언행이 평소에 어떠했는지를 떠나서 그게 우리 사회의 관습이니까요.

또한, 피해자는 20대 초반의 미혼여성이고 가해자는 50대의 유부남입니다. 20대 여성이 50대 유부남에게 호감을 느낄 수도 있습니다만, 제가 보기에 그럴 가능성은 높지 않다고 생각합니다.

그동안 적지 않은 조직 내 성범죄 사건을 접하며 깨달은 게 하나 있습니다. 꽤 많은 사람이, 특히 권력을 쥔 간부들이 공통적으로 착각하는 것이 있습니다. 후배나 부하 직원이 자기에게 보이는 존경심이나 인간적 호감에 이성으로서의 감정을 덧입히는 건 바로 그들 자신이라는 것입니다.

부하 직원의 친절이 애정을 구하는 표현이 아닌 경우가 훨씬 많습니다. 부하 직원은 조직에서 상사와의 갈등 상황을 만들지 않아야 혜택을 많이 얻을 수 있습니다. 행복하고 여유로운 직장생활을 위해, 자기 업무에 집중하기 위해, 상사에게 최대한 친절하고 깍듯하게 굴어야 하는 것입니다. 더군다나 사회초년생인 경우 상사를 대하는 노하우가 부족한 상태라 상사를 학교 선생님 대하듯 하기도 합니다. 그런데도 부하 직원이 메신저에 웃는 표정의 이모티콘을 보내면 상사들은 이를 이성으로서의 호감으로 착각하곤 합니다.

위의 사례에서 만에 하나, D 씨가 평소 사장에게 호감을 가지고 있었다 하더라도 여러 정황상 사장은 분명 가해자로 보였습니다. D 씨는 만취 상태였고 몸을 제대로 가누지 못하는 상황이었습니다. 사장은 상대방의 거부 여부를 명확히 확인하지 않았습니다. D 씨는 만취하여 자기 의사를 정확히 표현하기 어려웠습니다. 거부 의사를 표현하지 못하는 상태에 있는 사람에게 성적 행동을 하는 것은 명백한 범죄입니다. 이것이 준강간입니다.

가해자들은 대부분 비슷한 말을 합니다. 피해자가 거부하지 않았고, 자기에게 호감을 갖고 있었다고요. 가해자보다 권력을 덜 가진 피해자들은 사회적 위계질서 때문에 상대방에게 '호감'으로 보일 수 있는 친절한 행동을 합니다. 그게 이성으로서의 호감 때문이 아니라는 것을 좀 더 명확하게 알았으면 좋겠습니다. 'No means no'라는 '미투' 운동 슬로건이 있습니다.

"아니라면 아닌 거다."

당장 멈추면 됩니다. 단순한 이 문장만 잘 해석해도 성범죄가 훨씬 줄어들 수 있습니다.

또한, 상대방이 술에 취할 때까지 자신과 함께 술을 마시는 것을 이성으로서 호감을 표시하는 것으로 생각하는 경우도 많습니다. 상대방이 술에 취할수록 자신을 믿고 의지하며 이성으로 좋아하는 거라고 생각하죠. 엄연한 착각입니다. 여기서 더 나아가, 상대방이 술 마시다 취해 정신을 잃으면 성관계에 대한 묵시적 동의가 있었다고 생각하기도 합니다. 아주 나쁜 생각이며 완전히 틀린 생각입니다. 범죄행위로 나아가는 단초가 됩니다. 이 생각을 행동으로 옮기면 바로 준강간죄가 성립합니다. 만취한 상대방이 성관계에 동의하지 않는다는 것을 알면서, 상대방의 의지를 확인할 수 없는 상태임을 자각하면서도 자기 멋

社 생활변호사

대로 해석해버리는 것이 범죄로 연결됩니다.

범죄자들도 자신이 범죄를 저질렀다는 것을 압니다. 사이코패스가 아닌 이상 마음이 불편할 수밖에 없습니다. 그래서 자기 자신도 속이게 됩니다. 강간이 아니고 로맨스였다고 자신에게 최면을 거는 셈입니다. 타인을 속이기 위해선 자기 자신을 먼저 속여야 하기 때문입니다.

D 씨는 20대의 사회초년생이었지만 담담하게 수사에 잘 임했습니다. 가해자가 계속 범죄 사실을 부인하는 바람에 D 씨는 이를 반박하느라 수차례 조사에 응했습니다. 심지어 D 씨는 사장과 여러 차례 대질조사까지 받았습니다.

당시 담당 검사와 면담했을 때 검사는 이렇게 말했습니다.

"가해자가 말하길, 피해자가 의식이 있었다고 합니다. 설령 피해자가 의식을 잃었다고 하더라도 자기를 유혹했기 때문에 피해자가 의식이 있었던 걸로 알았다는 겁니다. 그래서 성관계에 동의하는 것으로 판단했다고 주장하고 있어요. 이런 주장이 완강해서 최근에 무죄판결이 난 케이스가 있어요."

저는 피해자와 가해자가 서른 살 정도 나이 차이가 나는 점과 피해자의 진술이 구체적·일관적이고 피해자가 조사에 성실히 임한 점을 강조했습니다. 또한, 피해자가 다니던 회사에서 동료들과 나눈 대화가 증거가 되었습니다. 피해자는 술을 마시면 금방 잠들어버리는 유형이고 어떤 행동을 하는 경우가 없었다는 사실이 드러났다는 의견서를 제출했습니다. 이어서 검사가 가해자를 기소하길 기다렸습니다. 다행히도 담당 검사는 의견서를 받아보고 얼마 지나지 않아 가해자를 기소했고, 가해자는 결국 징역형을 선고받아 법정 구속되었습니다. D 씨는 조사과정에서 가해자가, 피해자가 자신을 유혹했다고 주장했다는 걸 알고 눈물을 보였습니다. 어떻게 사람이 그럴 수 있느냐면서요.

가해자의 회유와 협박

가해자 등이 고소 취하 또는 합의의 결과를 얻기 위해 피해자를 압박할 때 가장 많이 쓰는 말은 '소문'입니다. 성범죄 피해를 입은 것을 부끄러운 일로 인식하는 우리 사회의 편견 때문이죠. 이 책에서 다루고 있는 것이 '조직 내 성범죄'인데, 조직 내 성범죄의 경우 소문과 사람들의 입방아는 피해자들이 사건만큼이나 두려워하는 요소입니다. 실제로 가해자와 그 지인들은 피해자에게 "소문이 나면 회사 생활을 어떻게 하려고 그래? 소문이 나면 결국 네가 다쳐"라고 하며 피해자를 압박합니다. 피해자를 압박하는 건 가해자와 그 지인들만이 아닙니다. 피해자의 지인이나 가족도 마찬가지입니다. 위에서 살펴본 여러 사례에서 알 수 있듯이 성범죄 피해 이후 신고를 하든 하지 않든 소문이 날 가능성은 언제나 존재합니다.

신고와 처벌이 '소문이 나는 것'과 꼭 관련이 있지는 않습니다. 필요충분조건은 아닙니다. 신고를 안 했는데 이상하게 왜곡된 소문이 나는 경우도 있고, 신고를 했는데도 소문이 안 나는 경우도 있습니다.

피해자는 소문이 나는 것이 두려워 신고를 피해서는 안 됩니다. 오히려 재빠른 신고로 수사가 원활하게 진행되고 강력한 처벌이 가해지면 가해자 입에서 이상한 이야기가 새어나가는 것을 막을 수 있다고 생각합니다. 소문을 막을 수는 없지만 '잘못된 소문'을 막는 데는 아주 효과적입니다. 그러므로 가해자나 그의 편에 선 자들이 '소문'을 빌미 삼아 회유하더라도 절대 넘어가서는 안 됩니다. 신고와 고소는 피해자에 대한 잘못된 소문을 바로잡아 줄 유일한 무기입니다.

저는 회사 내 성범죄 피해자가 신고를 제때 하지 못해서, 또는 고소의 골든타임을 놓쳐서 추문의 2차 피해를 입는 경우를 너무나 많이 봤습니다. 오히려 피해자가 적절한 대처를 했을 때 추문이 나는 경우는 한 번도 보지 못했습니다. 추문이 나기는커녕 피해자를 옹호하는 사람들, 피해자의 편에 선 사람들이 점점 늘어나지요.

고소를 취하하는 건 가해자가 진지하게 자신의 잘못을 사죄하고 피해자가 이를 받아들여 마음의 앙금이 모두 사라질 때 고민해도 늦지 않습니다. 진실로 용서가 될 때, 그때 합의를 해주고 고소를 취하해 주는 게 맞습니다.

불리한 증거의 발견

조직 내 성범죄는 가해자가 면식범입니다. 그 외의 성범죄도 면식범의 비율이 그렇지 않은 경우보다 월등히 높습니다. 보통 피해자와 가해자는 평소에 연락을 주고받았을 가능성이 큽니다. 가해자들은 이런 상황에서 피해자와 '사실은 연인관계였다' '서로 호감을 느끼고 있었다'라며 합의된 성관계라고 주장하는 경우가 많습니다.

실제로 앞에 나온 사례 1번 중견 기업 사건과 사례 4번 인테리어회사 사장이 신입사원을 성폭행한 사건에서도 가해자들은 피해자와 주고받은 메신저 대화를 증거로 제출하며 피해자와 '썸 타는 관계였다' '서로 호감이 있었다'라고 주장합니다. 이들의 주장은 서로 다른 사람이 얘기했다고 믿기 어려울 정도로 유사합니다. 게다가 이들은 '함께 술 마시는 사이'를 '썸 타는 사이'로 규정하기도 했습니다.

심지어 사례 2번 대형은행 노조 간부 사건과 사례 6번 금융회사 상사 사건의 경우에는 '술에 취할 때까지 같이 마셨다는 건 잠자리에 동의했다는 것 아니겠느냐, 그렇지 않고서야 인사불성이 될 수 있느냐'라는 얘기까지 나왔습니다. 술 마시면 취하는 게 당연합니다. 사람마다 자기 주량이 있지만, 그날의 컨디션에 따라 다를 수도 있습니다. 술은 사람을 느슨하게 만듭니다. 하지만 방어를 허물었다 해서 상대방을 좋아하는 것이라니요. 그러면 사람들은 늘 타인에게 방어벽을 치고 웃

社 생활변호사

지도 말아야 하나요? 이상한 편견입니다.

　다시 사례 1번 중견 기업 사건으로 돌아가 보겠습니다. 인터넷 커뮤니티를 통해 널리 알려진 사건입니다. 가해자는 피해자가 인터넷 커뮤니티에 글을 올리자 반박 글을 올리는 과감성도 보였습니다. 그리고 둘이 나눈 메신저 대화도 대중에게 공개해버렸습니다. 해당 메시지의 진위 여부는 밝혀지지 않았으나, 그것이 진실한 대화라 하더라도 엄연한 2차 가해입니다. 사람들은 이 메시지를 보고 가해자의 항변을 믿었습니다. 피해자가 피해 이후 가해자에게 "ㅎㅎ"라는 이모티콘을 보냈다는 이유였습니다.

　당시 피해자는 피해 이후 자신에게 벌어진 상황과 대처법을 제대로 인식하지 못한 상황이었습니다. 같은 조직에 근무하여 인간관계가 중첩되어 있고 위계가 성립하는 경우 피해자들은 피해 이후 가해자와의 관계를 단번에 단절하기 힘듭니다. 상사에게 무뚝뚝하게 구는 것은 직장생활에 아무 도움이 안 되니까요.

　저 역시 이 사건이 제가 맡은 첫 조직 내 성범죄 케이스였습니다. 저도 직장생활에서 부하 직원이 늘 겪어야 하는 심리적 압박에 대해 미처 생각하지 못하고 있었습니다. 이전에는 사내 성범죄의 경우 신고율이 매우 낮아 변호사들이 미처 끼어들 틈도 없었다고 할 수 있습니다.

　제가 이 메시지의 의도에 대해 묻자 이 사건의 피해자 A 씨는 담담하게 말했습니다.

"인간적으로 존경했어요. 알고 보니 생각보다 좋은 분이었고요. 회사가 사막 같았는데 그 사람이 친절하게 대해 줬거든요. 근데, 인간적으로 좋아한다고 해서 이성으로 좋아하는 건 아니잖아요. 저는 그분을, 아니 그 사람을 인간적으로는 좋아했을 수 있지만, 이성으로 좋아해 본 적은 없어요."

A 씨는 담대한 사람이었습니다. 성범죄를 당한 것은 명백한 사실이고, 어떤 증거가 나오더라도 자기에게 불리할 것이 없다고 분명히 말했습니다. 그래서 저도 사건에 대한 자신감을 얻었습니다. 내가 할 수 있는 한 최선을 다해 A 씨를 변호해야겠다고 결심한 것도 그의 이런 담대하고 진실한 면 때문이었습니다. 이 사람의 말은 믿어도 되겠다는 확신이 생긴 거죠. A 씨는 덧붙여서 모든 메시지를 복원해보면 자기에게 불리할 것이 없다고 당당하게 말했습니다. 앞뒤 맥락을 잘 살펴보면 직장 내 누구에게나 보일 수 있는 태도이며 예의였다는 걸 알 수 있을 거라고요.

이 사건 때는 국가인권위원회의 협조도 있었습니다. 회사 총괄팀장이 가해자(직속상사)로부터 건네받아 제출한 가해자와 피해자 A 씨의 메신저 대화 전문을 권위 있는 범죄심리학자인 Z 대학교의 L 모 교수에게 보냈습니다. L 모 교수는 해당 전문을 확인한 후 '사건 전후로 두 사람의 관계의 질이 완전히 바뀌었다'고 판단했습니다. 또한, 해당 대화를 접한 전문가들은 모두 강간 피해 후 A 씨의 태도가 급변하였다는 의견을 피력했습니다. 결국, 해당 전문은 A 씨의 범죄 피해 사실에 불리한 증거가 아닌 유리한 증거로 변했습니다.

가해자가 자신에게 유리하다고 생각하여 제출한 증거가 오히려 결정적인 범죄 증거물이 되었습니다. 범죄는 결국 진실을 이길 수 없습니다. 상대방이 아무리 위장하려고 해도 정확한 조사와 판단만 있으면 됩니다. 언뜻 불리해 보이는 증거도 범죄 피해만 진실하다면 얼마든지 유리한 증거로 바뀔 수 있습니다.

대질조사

가해자가 계속 엉뚱한 증거까지 동원해가며 범죄 사실을 부인하고, 피해자의 진술에 어딘가 모르게 어색한 부분이 드러나면 제3자는 가해자의 항변에도 타당성이 있다고 판단할 수 있습니다. 수사기관에서는 정확한 수사를 위해 대질조사를 제안하기도 합니다. 피해자 입장에서는 가해자를 마주하고 수사 받는다는 것은 부담스러운 일입니다. 아니, 부담스럽다는 표현으로도 부족하죠.

대질조사가 늘 이루어지는 것은 아닙니다. 수사관들도 이 수사가 부담스럽습니다. 그래서 꼭 필요한 경우에만 대질조사를 권하게 되는

데, 피해자는 대질조사를 거부할 수 있습니다. 법적으로 강요할 수 없게 되어 있습니다. 대질조사에는 변호사 등 신뢰 관계가 있다고 생각할 만한 사람과 동석할 수 있습니다.

저는 의외로 많은 피해자가 이 대질조사에 적극적으로 임하겠다고 하는 것을 봤습니다. 어쩌면 제가 맡은 사건들에 한해서만 그런지 모르겠는데요, 가해자를 처벌하기 위해선 어떤 것도 감수하겠다는 의지를 명확하게 표명하는 것이죠. 변호인의 입장에서 피해자가 혼자 대질조사에 임하는 것은 권하지 않습니다. 설령 제가 말 한마디 안 하고 있어도 될 만큼 진행된다 해도 가해자를 만나는 자리에 '내 편'이 같이 있다는 건 꽤 마음 든든한 일이니까요.

대질조사는 상반되는 진술의 진위 여부를 가려내는 것이 그 목적이기 때문에 조사 중에 상당히 불쾌한 이야기가 오갈 수 있습니다. 두 사람 중 한 사람은 분명히 거짓말을 하고 있는 거죠. 수사관은 피해자와 가해자에게 번갈아 질문합니다. 가해자가 성관계 자체를 부인하는 경우는 흔치 않습니다. 그보다는 강제가 아니었다는 주장이 가장 많습니다. '원래 연인관계였다' '술을 마셔서 그렇지만 피해자가 신체적 언어로 성관계에 동의했다고 생각했다'라는 것이 가장 흔한 변명입니다.

수사관 입장에서는 이게 사실인지 확인하기 위해 피해자에게 사실이냐고 물을 수밖에 없습니다. 연인관계라는 걸 증명한다는 건 어떤 일일까요? 조직 내 성범죄가 빈발하는 직장 조직은 특정 남녀가 연인관계라는 것을 아는 사람이 적을 수밖에 없는 환경입니다. 그러다 보니 가해자들은 이걸 빌미로, 사내에서 어떻게 대놓고 사귄다고 하겠느냐고, 좋아해도 좋아한다고 말하지 못하는 게 당연한 것 아니냐고 진술합니다. 가해자는 메신저 대화를 들이대며 피해자가 웃는 표정의 이모티콘이라도 보냈으면 그걸 근거로, 저 사람이 나를 좋아했다고, 저 사람이 나를 먼저 유혹했다고 말합니다. 가해자의 아주 흔한 진술입니다.

피해자가 주지해야 할 것은, 이런 가해자의 뻔뻔한 진술과 수사관의 "혹시 연인관계였나요? 아니면 상대에게 관심이 있었나요?"라는 질문에 감정적으로 동요하지 않고 이 사실을 조목조목 반박해야 한다는 것입니다.

흔들릴 필요 없습니다. 모두 각자의 위치에서 최선을 다하는 것이니까요. 가해자는 어떻게든 자신이 저지른 일을 부정하려고 온갖 방법을 동원합니다.

심리생리조사(거짓말 탐지기)의 제안

대질조사와 마찬가지로 피해자와 가해자의 진술이 상반될 때, 두 사람의 진술로 진위를 가려낼 수 없다고 판단할 때, 수사기관에서는 거짓말 탐지기를 제안하기도 합니다.

일반적으로 거짓말 탐지기는 경찰 조사보다 검찰 조사에서 많이 쓰입니다. 경찰에서 쓰려면 검사의 허가를 받아야 하는 등 절차가 복잡해 시간이 오래 걸리지만, 검찰에서는 보다 쉽게 사용할 수 있습니다.

거짓말 탐지기 조사도 무조건 응해야 하는 건 아닙니다. 피해자나 가해자 모두 이 조사를 거부할 수 있습니다. 다만, 수사기관은 조사를 거부한 사람에 대해 수사 보고를 작성해 기록해둬야 합니다. 이 기록은 모두 재판부의 판단에 필요한 근거가 되죠.

일반적으로 성범죄 피해자에게 거짓말 탐지기 조사를 권하진 않습니다. 변호사가 수사관에게 피해자의 정신적 충격을 거론하며 이의를 제기하면, 수사관은 가해자에게만 거짓말 탐지기를 쓰겠다고 하는 경우가 많습니다. 수사기관이 예전에 비해 피해자에게 부담을 덜 주려고 애쓰는 게 느껴집니다. 더디긴 하지만 예전에 비해 사회적 인식도 많이 바뀌고 있습니다.

거짓말 탐지기 조사를 거부한 것이 수사나 판결에 결정적으로 영향을 끼친다고 보긴 어렵습니다. 하지만 거부 여부가 영향을 끼친다는 생각은 들어요. 참고로 거짓말 탐지기 조사는 인권침해 논란이 있어서 수사기관에서도 쉽게 강행하지 못합니다.

거짓말 탐지기는 뇌파를 이용한다고 하죠. 사람이 거짓말을 하면 뇌에서 즉각적으로 반응한다는 것인데, 거짓말 탐지기의 신뢰도는

100%가 아닙니다. 일반적으로 95~98%라고 알려져 있는데, 이는 불확실한 결과를 낼 가능성이 2~5%는 된다는 얘기입니다. 사람의 기억은 왜곡되기 쉽습니다. 뇌파가 다른 사람과 다르게 반응할 수도 있는 거고요. 사람들은 기계가 정확하다고 믿는 경향이 있는데, 기계는 수시로 오류를 일으키고 고장도 납니다. 사람의 진술보다 거짓말 탐지기가 확실하다고 말하기도 어렵습니다. 여담이지만, 산업스파이들은 거짓말 테스트를 빠져나가는 훈련을 받기도 한다고 해요.

거짓말 탐지기는 가해자 조사에서 맨 마지막에 쓰는 수단일 가능성이 큽니다. 증거가 다소 부족하거나 가해자가 범죄를 저질렀다는 확신을 얻기 위해 쓰는 게 보통인데, 가해자가 이를 완강하게 거부한다면 범죄 사실을 숨기기 위해 거부하는 거라고 의심해볼 여지는 있습니다.

무고죄, 역고소

무고죄는 하도 자주 언론에 오르내려 피해자들이 압박을 받기도 합니다. 상대를 신고하거나 고소했다가 무고죄로 역고소 당하면 어떻게 하느냐는 것입니다. 언론에 노출되는 경우는 매우 드문 케이스입니다. 쉽게 말해 '신문에 날 만한 일'이기 때문에 언론에 노출되는 것입니다.

피해자가 죄 없는 사람을 신고했기 때문에 이런 압박을 받는 건 아닙니다. 가해자들이 그만큼 지독하게 범죄 사실을 부정하기 때문입니다. 성범죄에 있어 피해자 책임론은 오래된 사회문제입니다. 피해자들은 사건이 일어났을 때부터 자신이 뭔가 빌미를 준 게 있나 자책하기 시작합니다. 사회적으로 그렇게 길들여져 왔기 때문입니다. 'No means no'가 자리 잡으려면 얼마나 더 많은 시간이 필요한지, 답답합니다.

피해자는 가해자가 무고죄로 고소하면 그 고소 사실에 더 큰 충격을 받습니다. 극단의 뻔뻔함을 보게 되니까요. 내가 성범죄 피해를 당한 것이 사실인데도 상대방이 강하게 부정하면서 아무렇지도 않게 "그건 합의에 의한 거였어. 네가 허락했잖아"라고 주장하는 것을 접하면 누구나 놀라게 됩니다. 한 사람이 올바름을 판단하는 기준은 그 사람이 그간 살아온 삶과 무관하지 않습니다. 그동안 배워온 것과 깨달은 것들이 더해져 그 사람의 가치관이 형성됩니다. 그런데 상대방이 유유히 "아니, 그건 범죄가 아니야. 네가 여지를 줬어"라고 반응하면 피해자는 그간 살아온 삶 전체를 부정당하는 것과 마찬가지가 됩니다.

저는 일단 두려워하지 말라고 말하고 싶습니다. 진실은 드러나게 되어 있다는 말이 그냥 허공의 뜬구름 같은 말이 아닙니다. 정말 억울한 케이스도 있겠지만 그 역시 오랜 세월이 지난 후에라도 밝혀지곤 하니까요. 무고죄는 일단 성범죄 사건이 종결된 후에 따로 조사하도록 검찰 내부 규정이 바뀌기도 했습니다. 피해자는 더욱 강건해져야 합니다.

성범죄 피해자들은 정말 절실해서 신고와 고소를 하게 됩니다. 합의금을 받는다고 해서 사건 이전으로 돌아갈 수 있나요? 절대 그렇지 않습니다. 피해자들은 아무런 일도 없었던 때로 돌아가길 간절히 원하지만 그게 불가능하다는 걸 알기 때문에 가해자 처벌이라도 하겠다고 굳은 결심을 하는 것입니다.

조직 내 성폭행의 경우 무고죄 역고소가 적지 않습니다. 재판이 진행되는 중에도 혹은 2차 가해나 사건이 진행 중일 때도 무고죄로 역고소하는 가해자들이 있습니다. 일종의 정신승리인지 모르겠습니다. 하긴, 타인을 속이려면 먼저 자신을 속여야 합니다. 그래야 확신이 생겨 자기 기억을 쉽게 왜곡시킬 수 있을 테니까요. 가해자가 정말 억울한 경우도 있을 겁니다. 매우 드물지만요. 이는 뒤에서 잠깐 다루도록 하고, 여기서는 가해자가 자기방어를 위해 무고죄를 악용하는 경우를 중심으로 살펴보겠습니다.

가해자들은 자신의 성범죄 피의 사건에서 무혐의 처분을 받기 위해, 무죄판결을 받기 위해, 또는 가해자를 압박하기 위해, 무고죄 고소를 악용합니다. 무고죄로 고소하겠다는 협박도 불사합니다.

무고죄로 고소당하면 피해자가 겪어야 할 고통이 한두 가지가 아닙니다만, 구체적으로는 다시 피의자 신분으로 조사를 받아야 합니다. 피해자임에도 불구하고 피해자임을 다시 항변해야 합니다. 무고죄의 피의자(성범죄 피해자가 무고로 고소당하면 무고죄의 피의자가 됩니다) 진술은

1회에 그치지 않습니다. 무고죄 고소인과 피고소인은 당연히 진술이 일치하지 않겠죠. 그러니 피의자 신분으로 수차례 조사를 받아야 합니다. 자신에게 성범죄를 가한 고소인과 대질조사를 받기도 합니다.

피해자가 조사를 받는 것은 기억을 다시 떠올려야 하는 일입니다. 진술을 반복해서 해야 하고 자기에겐 너무나 당연한 일을 수차례 다시 언급해야 합니다. 피해자가 받는 심리적 압박이 한둘이 아니지만, 무고죄로 피의자 신분이 되어 재진술을 해야 하는 건 정말 어려운 일입니다. 성범죄 사건과 무고 사건은 별도의 사건이기 때문에 수사하는 주체(수사관, 검사)가 다릅니다. 성범죄 피해사건에서 충분히 진술했다고 하더라도 무고죄 사건에서는 처음부터 모든 것을 다시 진술해야 합니다. 가해자는 이걸 노립니다. 피해자가 지쳐서 포기하기를요. 가해자가 어떤 사람이냐에 따라 다르지만 집요한 가해자일수록 계속 피해자를 괴롭힐 겁니다. 피해자가 많이 지쳐 있을 때 가해자가 제안해옵니다.

"무고로 고소한 거, 취하해줄게. 없던 일로 하자."

사실, 제가 이 문장을 굳이 반말로 쓴 것은, 조직 내 성범죄 가해자 대부분이 피해자에게 반말을 할 수 있는 위치에 있기 때문입니다. 부하 직원이 상사를 성폭행하는 일도 가능하긴 하겠지만, 아직 저는 접해보지 못했습니다. 이처럼 현실적인 권력관계도 존재합니다.

가해자는 무고죄로 고소한 것을 일종의 무기로 사용하는 셈입니다. 무고죄 고소를 취하해줄 테니, 성폭행으로 자신을 고소한 것을 취하라는 겁니다. 없던 죄를 만들어 뒤집어씌우는 거죠.

수차례 강조했지만 다시 한번 강조해도 무리가 아닌 것은, 성범죄 사건에서 가장 중요한 증거가 피해자의 일관된 진술이라는 점입니다. 만약 피해자가 여기서 고소를 취하하면, 모든 것은 법적으로 '없던 일'이 된다고 봐도 무방합니다. 과거와 달리 성범죄가 친고죄가 아니어서 수사와 처벌의 가능성이 완전히 없어지는 것은 아니지만, 가장 큰 증거 즉 피해자의 피해 진술이 사라집니다. 실질적으로 사건은 소멸합니다. 가해자가 증거불충분으로 무혐의 처분을 받는 등 검찰은 기소하지 않게 될 가능성이 크죠. 무고죄로 역고소까지 한 가해자가 무혐의 처분을 받으면 그 후 어떤 태도를 보일까요? 여러분의 상상에 맡기겠습니다.

2018년 5월, 대검찰청은 가해자가 성폭행 무고로 역고소한 경우 성폭행 사건 수사가 끝나고 난 다음에 수사하라는 방침을 정해 배포했습니다. 이에 대해 많은 논란이 있었고, 청와대 청원까지 있었습니다. 청와대의 답변도 있었는데요. 이것은 '미투' 운동이 한창 일어났을 때 내부 지침으로 결정한 수사 매뉴얼이지, 무고죄에 대한 법적 형량을 조정하거나 기소권을 축소한다는 방침은 아닙니다. 피해자들이 가해자에게 역고소를 당했을 경우 심리적 부담으로 수사가 원활하게 이루어지지 않고 피해자 보호가 잘 안 된다는 점과 가해자가 역고소를 악용해 피해자를 압박하는 것을 막기 위한 예방책입니다.

다시 사례 2번 대형은행 노조 간부 사건으로 돌아가 보겠습니다. 사례 1번 중견 기업 사건을 맡고 난 뒤 성폭행 관련사건 의뢰가 꽤 많이 들어왔습니다. 제가 다 감당할 수 없을 정도라 당시 맡고 있는 사건들에 충실하던 차였습니다. 그때 이 대형은행 노조 간부 사건의 피해자가 전화를 걸어왔습니다. 당사자 B 씨였습니다.

"직장의 노조 간부와 술을 마시다 술에 취해 의식을 잃었어요. 강간을 당해 신고했는데, 노조 간부는 제가 고소한 사건에서 무혐의를 받고 도리어 저를 고소했습니다. 저는 무고죄로 재판을 받게 되었고요. 제발 도와주세요."

재판을 받게 되었다는 말은 검사가 이미 기소를 했다는 얘기입니다. 이렇게 되면 통상적으로 판을 뒤엎기가 어렵습니다. 검찰은 불확실한 사건에 대해 기소를 잘 하지 않습니다. 증거가 확실해야 기소까지 갑니다. 기소되었다는 것은 어느 정도 혐의가 인정된다는 것이기에, B 씨의 말이 사실이라면 억울한 누명을 쓰게 될 가능성이 크고, 앞으로의 재판에서 정신적 고통과 시간적 피해를 볼 가능성도 매우 큽니다. 이미 기소된 사건에서 무죄판결을 받아낼 수 있을까? 가능성이 매우 낮은 일이지만 통화를 하고 나서 어쩐지 사건기록을 보고 싶었습니다.

B 씨에게 이메일로 사건기록을 받아보았습니다. 의식을 잃었다고 했던 B 씨는 CCTV 영상에서 다소 비틀거리긴 했지만 만취해서 의식을 잃은 것 같진 않았습니다. 이 영상은 검사가 무고죄 기소를 결정하

는 데 큰 역할을 했을 것 같았습니다. 만취해서 의식을 잃은 것이 아닌 데 같이 숙박업소에 들어갔다면 '심신상실 상태라고 거짓말하여 허위의 준강간 고소를 한 것'이라는 결론이 도출되기 십상이니까요.

B 씨와 만날 약속을 잡긴 했지만, 저는 이 사건을 맡을 자신이 없었습니다. 어떻게 거절해야 상대방이 기분 나쁘지 않을까만 걱정했습니다. 영상만으로는 피해자가 만취했다는 걸 믿기 어려웠습니다. 변호사가 의뢰인을 믿지 못하면 진심으로 재판부를 설득할 수 없고 승소 가능성도 현저히 낮아집니다. 따라서 이길 자신이 없는 재판이었기에 맡을 생각이 전혀 없었습니다.

"사건기록을 봤는데요. 영상과 기록을 봤을 때, 검사가 왜 기소를 했는지, 검사가 어떤 대목을 보고 결정했는지 어느 정도 이해가 되네요. 너무나 안타깝지만, 판을 뒤집기 힘들어 보여요. B 씨를 믿지만 저는 변호사로서 증거에 근거해 판단할 수밖에 없어요. 정말 그날의 기억이 하나도 안 나요?"

B 씨는 정말로 기억이 없다면서 펑펑 울었습니다. 그 앞에 앉아서 얘기를 듣고 있자니 거짓말을 하는 것 같지는 않았습니다. 거짓말은, 말로 설명하기 어려운, 어떤 아주 작은 단서를 흘리곤 합니다. 법은 논리적 해석을 중요시하지만, 가끔 아주 강력하게 '촉'이 오는 경우가 있습니다. 이런 강력한 '느낌'을 무시했다가 곤경을 당하면 어쩌나 싶을 정도로요. 논리적으로 도저히 설명할 수 없는 경우죠.

B 씨는 계속 눈물을 흘리며 도와달라고 했습니다. 참고로, 저는 변호사로서 제가 최선을 다할 수 있을 정도의 적정한 보수를 요구하는 편입니다. 매 사건에 최선을 다하려면 한정된 시간에 맡을 수 있는 사건의 수가 제한됩니다. 그러다 보니 다른 변호사들보다 수임료가 다소 높습니다. 저는 제가 책정한 수임료를 이야기했고, 사회초년생인 B 씨에게는 분명 큰 부담이 될 액수였습니다. 그러나 B 씨는 조금의 고민도 없이 사건을 맡아줄 것을 부탁했습니다. B 씨는 너무나 절박해 보였습니다.

저는 사건을 맡기로 했지만, 이길 가능성이 매우 낮다고, 아니 희박하다고 얘기할 수밖에 없었습니다. 실제로 그랬기에, 허망한 청사진만 제시할 수는 없었기 때문이죠. 변호인으로서 B 씨를 믿기로 한 만큼 최선을 다해 재판부를 설득해보겠지만 이미 기울어진 판세에서 시작한다는 걸 분명히 얘기했습니다.

사건기록을 여러 번 읽었습니다. 증거도 계속 검토했고요. 혹시 누락된 증거가 있을 수도 있으니 작은 것 하나라도 놓치지 말고 다시 복사해달라고 사무직원에게 부탁했습니다.

B 씨는 사건 당일 회사 행사가 끝난 후 회식 자리에 참석했습니다. B 씨가 평소 술에 약하다는 사실은 가해자인 노조 간부도 알고 있었다고 합니다. 행사 후 얼마의 시간이 지나고 노조 간부와 B 씨는 외부에서 따로 술자리를 갖게 되었는데, 간부는 술에 취해 몸을 가누지 못하

는 B 씨를 호텔로 데려갔습니다. 제가 본 영상이 바로 그 숙박업소의 영상이었습니다.

B 씨는 성폭행을 당한 후 가해자를 준강간 혐의로 고소했고 노조 측에도 도움을 요청했습니다. 가해자가 노조 간부였지만 회사 노조라면, 게다가 그 회사가 이름난 곳이라면 공정한 판단을 할 것이라 믿었습니다.

그러나 노조 측에서는 가해자가 제출한 증거를 믿고 가해자의 편을 들어줬습니다. 그가 제출한 증거는 합의에 의한 성관계로 판단할 수 있는 대화와 음성이 담긴 녹음파일이었습니다. 노조는 개인 간의 일에 노조가 해 줄 수 있는 게 없다고 입장을 정리했고요. 이후 가해자가 B 씨를 무고죄로 고소한 것입니다. 녹음파일 역시 검찰의 기소 여부를 판단하는 결정적 증거가 되었을 겁니다.

준강간은, 앞에서도 말했지만 강간에 준해서 처벌하는 것으로, 폭력 등의 타격을 가한 것은 아니나 심신상실, 항거불능 상태의 피해자를 동의 없이 간음할 때 성립하는 범죄입니다. 술에 만취해 의식이 없는 피해자를 강간했을 때 이 범죄에 해당합니다. 피해자가 만취했는지는 본인과 가해자만 알겠죠. 저는 그 현장에 없었으니까 증거만 보고 판단해야 합니다. 재판부도 마찬가지입니다. 그래서 모든 증거를 다시 검토했습니다.

가해자가 제출한 녹음파일엔 합의에 의한 성관계였음을 유추할 수 있는 음성과 대화가 있었습니다. 녹취록을 보니 B 씨는 주로 대답만 했고, B 씨가 상대에게 질문을 한다거나 둘 사이에 원활한 대화가 이어지진 않았습니다. 그러나 B 씨에게 의식이 없다고 보긴 어려웠습니다. CCTV 영상을 봤을 때 B 씨는 분명히 자기 의지로 걷고 있었거든요. 아무리 뒤져도 뭔가 나오지 않았습니다. 영상도 다시 보고 기록도 다시 보기를 수차례 반복했습니다. 보다 보면 뭔가 단서가 나올까 싶어서요. 제가 할 수 있는 것이 그것뿐이더군요.

제출된 자료 중에 음성파일은 두 개였고, 경찰의 수사결과보고서에는 각 파일이 동일한 내용이라고 기록되어 있었습니다. 하나는 가해자로 지목된 노조 간부가 직접 제출한 파일이었고 다른 하나는 경찰에서 휴대폰을 받아 복원한 파일이었습니다. '음성파일을 들어야 하나?' 생각했습니다. 보통 변호사는 녹음파일을 다 듣지 않습니다. 시간과 노력이 너무 많이 들기 때문입니다. 녹취록을 만들어 검토하는 이유가 녹음파일 전체를 다 듣는 것보다 빠르기 때문입니다. 저도 대부분의 사건은 녹취록만 확인합니다.

그런데 분명히 기록상에는 '동일한 파일'이라고 되어 있는데 살펴보니 용량이 달랐습니다. 이상했습니다. 두 개가 다른 파일인가 싶어 다시 확인했는데, 사건기록에는 '동일한 내용의 파일'이라고 분명히 적혀 있었습니다. 동일한 파일인데 용량이 다르다니, 재생 가능 시간도 달랐습니다. 두 개의 파일을 다 들어봐야겠더군요. 저는 경찰이 복원한 녹음파일을 처음부터 듣기 시작했습니다. 그런데 B 씨가 사건 당시 가해자가 아닌 다른 사람의 이름을 연달아 부르는 것을 확인했습니다. 저는 두 개의 파일을 비교해가며 듣기 시작했지요.

노조 간부가 경찰에 직접 제출한 파일과 경찰에서 복원한 파일의 시작은 동일했습니다. 그런데 복원 파일에 있는 내용이 직접 제출 파일에는 드문드문 삭제되어 있었습니다.

경찰이 복원한 파일에는 합의된 성관계가 아니라는 걸 입증할 결정적 단서가 있었습니다. B 씨가 성관계 도중 가해자가 아닌 당시 사귀던 남자친구의 이름을 수차례 불렀고, 가해자가 계속 B 씨의 이름을 크게 부르는데도 술에 취해 대답을 하지 못했습니다.

가해자는 이 부분을 삭제하고 제출한 것입니다. 증거를 조작한 것입니다. 경찰이 복원한 파일에는 그 내용이 다 들어 있었습니다. 가해자는 파일을 제출한 후 원본 파일은 본인 휴대폰에서 삭제했더군요.

결정적 증거를 찾아냈습니다. 기뻤습니다. 분명히 판을 뒤집을 수 있었습니다. 다행히 1심 재판에서는 이겼습니다. 가해자는 판사가 왜 휴대폰으로 굳이 녹음을 했느냐고 질문하자 성관계 도중 몸을 많이 뒤척여 버튼이 잘못 눌린 것이라 했습니다. 1심 법원은 이 발언을 믿지 않았습니다. 증거를 조작하지 않았느냐는 판사의 질문에, 가해자는 조작하지 않았으며 음성이 잘 들리지 않아 파일 형식만 변환해서 제출한 것이라고 했습니다. 1심 재판부는 이 역시 믿지 않았습니다.

녹음파일이 제게 오기까지 피해자가 겪은 고통을 생각해보면, 왜 그 파일이 그렇게나 늦게 사람들에게 알려졌는지 이해하기 어려웠습니다. 수사기관에서 먼저 파일을 복원했다면, 그리고 누구 한 사람이라도 그 파일을 다 들어봤더라면 어땠을까요. 도중에 두 파일의 용량이 다른 것을 확인하고, 다 듣진 못해도 재생 시간이라도 확인했다면 사건이 여기까지 왔겠는가 생각하지 않을 수 없었습니다. B 씨가 성폭행 사실을 신고하고, 노조에 협조를 구하고, 경찰의 수사를 받고, 검찰에 사건이 송치되고, 또 가해자로부터 다시 무고죄로 고소되고, 피해자에서 가해자로 바뀌고, 저를 찾아와 변호를 부탁하며 울며 애원할 때까지, 그리고 저 역시도 뒤집을 수 없다고 애면글면하던 그때까지 아무도 두 개의 녹음파일을 제대로 비교해서 들어보지 않았다는 겁니다. 저 역시 여러 사건에서 녹취록만 살펴본 것을 크게 반성했습니다.

그런데 안타깝게도 2심에서 이해할 수 없는 일이 일어났습니다. 2심 재판부는 무고를 당할 수 있다는 두려움에 성관계를 녹음할 수 있고, 오해를 받지 않기 위해 녹음파일의 일부를 유리하게 수정하여 제출할 수도 있다며 B 씨가 무고하였다고 판단해버렸습니다. 그리고 B 씨는 법정구속이 되었습니다. 대법원 역시 B 씨의 상고를 기각했고, B 씨는 실형을 살았습니다.

저는 아직도 이 판결에 대해 납득할 수가 없습니다. 증거를 조작하는 일은 어지간히 도덕성이 낮은 사람이 아니면 절대 할 수 없는 일입니다. 영화에서는 악역의 변호사나 검사가 증거를 조작하기도 하지만, 저는 9년간 변호사로 활동하는 동안 증거를 조작하거나 시도하는 일은 단 한 번도 보지 못했습니다. 증거를 조작했다는 것은 조작자의 진술에 대한 신빙성도 크게 떨어뜨립니다. 그런데도 2심 재판부와 대법원은 조작자의 말을 믿어주었습니다.

저는 이 책에서 해당 내용을 삭제할까 생각하기도 했지만, 독자 분들에게 드리고 싶은 메시지가 있어 그러지 않았습니다. 만약 수사단계에서 해당 녹음파일이 조작된 것이 밝혀졌다면 검사는 B 씨를 무고죄로 기소하지 않고 불기소 처분했을 가능성이 높습니다. 이것도 가정이지만, 만약 수사관이 좀 더 열정적이었다면, 혹은 수사단계에서 변호사가 있어 변호사가 파일만 확인했더라면 B 씨는 억울한 옥살이를 하지 않았을 것입니다. 독자 분들께서는 이런 범죄의 피해자가 되지 않을 것이라 확신하지만, 만약 무고죄로 수사를 받게 된다면 꼭 자기방어를 철저히 하시고 법률전문가의 상담을 받고 열정적으로 증거를 채집하시길 바랍니다.

저는 지금도 B 씨에 대해 죄스러움으로 견디기가 힘듭니다. 그런데 B 씨는 제게 꼬박꼬박 안부 전화를 합니다. B 씨는 늘 제게 고맙다고 합니다. 혹시라도 성범죄 피해를 입고 이 책을 읽고 있는 독자분이 계신다면 꼭 말씀드리고 싶습니다. 본인이 진실한 피해자라면 무고죄를 두려워하지 마십시오. B 씨의 케이스는 정말 특이한 경우입니다. 심지어 B 씨는 억울한 옥살이를 했음에도 상대방을 고소한 것을 지금도 전혀 후회하지 않는다고 합니다. 그리고 언젠가는 진실이 밝혀질 것이라 믿는다고 합니다. 그나마 다행인 것은 B 씨가 뛰어난 인품 덕분에 출소하자마자 좋은 직장을 소개받아 취업했다는 겁니다. B 씨를 조금이라도 아는 사람들은 말합니다. "B 씨는 결코 무고죄를 저지를 사람이 아니다"라고 말입니다.

무고죄 사례가 한 가지 더 있습니다. 위에서 언급한 사례 3번 신용카드회사 팀장 사건입니다. 이 사건 역시 언론에 많이 알려졌습니다.

피해자 C 씨는 자기 집에서 상사인 팀장에게 원치 않는 간음을 당했습니다. C 씨는 당황했고 회사에 이 사실이 알려질까 봐 두려웠습니다. C 씨는 결국, 항거불능의 상태였다고 주장하며 가해자를 신고하고 회사 측에 이 사실을 알렸습니다. 그런데 가해자는 무혐의 판결을 받았습니다. 그리고 무고죄로 C 씨를 역고소합니다.

C 씨는 충격을 받았지만, 그냥 넘어갈 수 없다고 보고 용기를 내어 포털사이트에 글을 올렸습니다. 이 글이 퍼지면서 널리 알려지게 되었죠. 회사 측은 재판에서도 이렇게 결론 났으니 회사에서는 할 일을 다 했다는 식의 공지를 공식 SNS 계정에 올렸습니다. 이 글에서 회사 측은 직장 내 성폭력 문제에 단호히 대처했다는 자긍심을 드러내며, 자체 감사실과 외부감사업체가 이중으로 조사했고 동시에 검경의 조사도 병행되어 모두 같은 결과가 났다며 직원 보호를 소홀히 했다는 예

단에 대해 유감을 표한다고 했습니다. 이 글로 여론은 분열되었고 회사는 난처해졌습니다. 이때 제가 C 씨를 만나게 되었습니다.

저는 C 씨의 입장을 다시 들었습니다. 술에 취해 누군가 자신을 만지는 것은 알았지만 상대방이 팀장이라고는 상상도 하지 못했다고 했습니다. 이미 그가 자신의 집에서 잠들어 있었지만 이를 인지할 정도의 정신이 아니었다는 겁니다. 이미 '필름이 끊긴' 상태였다는 거죠. 남자친구가 들어와 건드리는 것 같았는데, 성관계를 원치 않았지만 하지 말라고 말할 기력도 없었다고요. 속도 안 좋고 몸이 괴로워서 가만히 있을 수밖에 없었다고 했습니다. C 씨가 거짓말을 한다는 생각이 들진 않았습니다. 그러나 저는 준강간 사건의 항고나 재고소는 쉽지 않다고 말하며, 해당 사건을 맡을 수 없으니 무고 사건만 방어하자고 이야기할 수밖에 없었습니다. 그 이유는 2000년의 대법원 판례 때문입니다. 2000년 2월 25일의 '선고 98도4355 판결'의 사례인데요. 그 내용은 다음과 같습니다.

[주문]
상고를 기각한다.

[이유]
원심판결 이유에 의하면, 원심은, 피고인이 술에 취하여 심신상실의 상태에 있는 피해자를 1회 강간하고 이로 인하여 피해자에게 약 1주간의 치료를 요

하는 처녀막 열상 등의 상해를 입게 하였다는 이 사건 공소사실에 대하여, 피고인이 술에 취하여 안방에서 잠을 자고 있던 피해자를 발견하고 갑자기 욕정을 일으켜 피해자의 옆에 누워 피해자의 몸을 더듬다가 피해자의 바지를 벗기려는 순간 피해자가 어렴풋이 잠에서 깨어났으나 피해자는 잠결에 자신의 바지를 벗기려는 피고인을 자신의 애인으로 착각하여 반항하지 않고 응함에 따라 피해자를 1회 간음한 사실을 인정한 다음, 이와 같이 피해자가 잠결에 피고인을 자신의 애인으로 잘못 알았다고 하더라도 피해자의 위와 같은 의식 상태를 심신상실의 상태에 이르렀다고 보기 어렵고 달리 피해자가 심신상실의 상태에 이르렀다고 인정할 증거가 없다는 이유로 피고인에 대하여 무죄를 선고한 제1심판결을 유지하고 검사의 항소를 기각하였다. 기록에 의하면 원심이 인정한 사실 이외에도 피해자는 안방에서 잠을 자고 있던 중 피고인이 안방에 들어오자 피고인을 자신의 애인으로 잘못 알고 불을 끄라고 말하였고, 피고인이 자신을 애무할 때 누구냐고 물었으며, 피고인이 여관으로 가자고 제의하자 그냥 빨리 하라고 말한 사실을 알 수 있으므로, 피고인의 이 사건 간음행위 당시 피해자가 심신상실 상태에 있었다고 볼수 없다고 본 원심의 사실인정과 판단은 정당한 것으로 수긍이 되고, 거기에 검사가 상고이유로 주장하는 바와 같은 법리오해, 채증 법칙 위배의 위법이 있다고 할 수 없다. 그러므로 상고를 기각하기로 하여 관여 법관의 일치된 의견으로 주문과 같이 판결한다.

즉 성범죄 피고인이 무죄라는 결과입니다. 이 사건은 '간음행위 당시 피해자가 정신을 완전히 잃을 정도가 아니면 심신상실 상태에 있었다고 볼 수 없다고 한 사례'의 대표적인 판결문입니다. '술에 취해서 완전히 의식을 잃었는가?' '심신상실의 상태인가?'는 준강간 사건에서 셀 수 없이 등장하는 질문입니다. 이 판례는 피해자가 가해자를 애인으로 착각했고 서로 간에 말이 오고 간 정황을 볼 때 피해자를 심신상실 또는 항거불능의 상태라고 볼 수 없다고 판단하였습니다. 이처럼 당시의 법원은 피해자가 "상대방이 누군지 모를 정도로 취했더라도" 정신을 잃을 정도가 아니면 준강간이 성립하지 않는다는, 지금으로서는 다소 납득하기 어려운 태도를 견지했습니다. 피해자는 성적 자기결정권을 침해당했는데 이를 침해한 자는 무죄라니, 정말 이해하기 힘든 판단입니다.

오히려, 심신을 상실한 것은 아니지만 정상적인 심신 상태가 아니었음을 뜻하는 심신미약은 강력 사건에서 가해자의 형량을 낮추는 변명으로 많이 사용됩니다. 실제로 2018년 10월에 발생한 강서구 피시방 살인사건에서 가해자는 심신미약으로 처벌을 피해 나가려는 인면수심의 태도를 보였습니다. 이러한 사례들을 보면 '심신상실 내지 미약'이라는 규정은 가끔 무엇을 위해 존재하는가, 의문이 들기도 합니다.

결국 준강간의 성립여부는 피해자가 얼마나 술에 취했고 얼마나 의식을 잃었느냐에 따라 결정되는데, 성적 자기결정권을 침해당할(성관계 상대방이 누구인지도 모르고 관계를 맺을) 정도로 의식이 없었다고 하더라도 성관계 자체를 인식했기에 준강간이 성립되지 않고 가해자에게 무죄가 선고된 위 대법원 판례 때문에, 저는 C 씨에게 피해사건의 무혐의 처분을 뒤집을 자신이 없다고 했습니다. C 씨는 깊은 실망감을 표하면서 우선 무고죄의 변호를 맡아주길 요청해왔습니다.

무고죄는 사실 이겨도 이긴 것 같지 않은 느낌이 들 때가 많습니다. 무고죄 수사를 받으며 피해자가 직면하는 고통이 너무나 크기 때문입니다. 피해자들은 이미 여러 번 진술한 피해 사실을 이제는 피의자의 입장에서 다시 처음부터 진술해야 하고, 잊고 싶은 피해 장면들을 떠올려야 합니다. 이러한 과정을 겪으며 피해자들은 점점 피폐해져가고 생기를 잃어갑니다. 그러다 기소라도 되어 무고죄로 법정에 서게 되면 성적 자기결정권을 침해받고도 범죄자가 될지 모른다는 두려움에 떨어야 합니다. 무혐의나 무죄를 받더라도 피해자는 이미 잃은 것이 너무나 많습니다. 그래서 재판에서 이겨도 이미 지친 피해자를 보면 기쁘지가 않습니다.

실제로 C 씨는 무고죄 조사를 세 번이나 받았고, 그중에 대질조사도 있었습니다. 조사를 받을 때마다 울었고, 호흡곤란이 오기도 했습니다. 해당 사건 담당 수사관과 검사는 무척 친절한 사람들이었습니다. 그렇다고 C 씨의 고통이 줄어들진 않았습니다.

C 씨를 무고죄로 역고소한 팀장은, C 씨가 이 일을 회사에 알리고

허위사실을 인터넷에 올렸다는 이유로 명예훼손 피해까지 입었다고 주장했습니다. C 씨는 사건 당시 자신이 항거불능 상태였다고 하고 팀장은 전혀 그렇지 않았다고 해서 서로의 주장이 상반되는 거죠.

이 사례(3번 신용카드회사 팀장 사건)는 C 씨가 팀장을 고소한 건과, 팀장이 C 씨를 고소한 건, 즉 두 가지 사건이 맞물려 있었습니다. 그런데 C 씨가 성폭행을 당했다고 팀장을 고소한 사건은 검사가 증거 불충분으로 불기소 처분했고, 팀장이 C 씨를 무고죄로 역고소한 사건도 검사가 C 씨의 진술을 믿어 불기소 처분하였습니다. 동전의 양면 같은 두 가지 사건에 상반된 결론이 나온 것으로 보이고 논리적으로 불가능한 것이 아닌가 생각될 수도 있지만, 그렇지 않습니다. 그 이유는 다음과 같습니다.

C 씨가 팀장을 고소한 준강간 사건은, C 씨가 의식을 거의 잃은 심신상실까지는 아닌, 어느 정도 의식이 있었던 심신미약의 상태에 있었고, 따라서 항거불능의 상황이라고 보기 어렵기 때문에 준강간이 성립한다고 볼 수 없다고 결론이 났습니다. 심신상실과 심신미약은 그 정도가 다릅니다. 심신미약은 이성적 판단은 불가능하나 의식은 미약하게 있는 상태이고, 심신상실은 아예 의식이 없는 상태입니다.

반면에 팀장이 C 씨를 역고소한 사건은, C 씨가 심신미약의 상태였던 것은 맞기에 C 씨 입장에서는 성범죄를 당했다고 생각할 여지가 있어 허위 사실을 신고한 것이 아니므로 무고죄가 성립하지 않는다는 결론이었습니다. 같은 맥락에서, C 씨의 진술이 허위 진술이라 보기 힘들어 팀장의 명예를 훼손했다고 보기 어렵다는 이유에서 불기소(혐의 없음) 처분이 났던 것입니다.

이처럼 팀장의 행위는 피해자가 '해당 팀장'과의 성관계를 거부할 '의식'이 없어 'No'라고 의사 표현을 할 수 없었기 때문에 'No means no' 룰에 따르면 성범죄가 성립할 수도 있는 행위였습니다. 그러나 현행법과 이에 대한 법원의 해석으로는, 성범죄에는 이르지 않고 도덕적 비난을 받을 가능성만 있는 행위가 되기에 양쪽 다 불기소 처분이 났던 것으로 보입니다.

이 사건은 사례 1번 중견 기업 사건이 채 가라앉기 전에 알려졌습니다. C 씨가 포털사이트에 올린 글은 금방 퍼져나가 사회적 이슈가 되었습니다. 트렌디한 경영 기획으로 주목받던 이 신용카드회사는 이 사건에 대한 대응 방식으로 논란이 되었습니다. 사내에 소문이 퍼지자 C 씨는 별의별 비난과 소문 등 2차 가해에 시달렸습니다.

사건 후 C 씨와 연락했을 때, '무혐의'로 무고죄 혐의를 벗었지만 C 씨의 목소리는 어두웠습니다. 사실 변호사에게 있어 무죄 판결이나 무혐의 처분은 훈장과 같습니다. 그러나 저의 의뢰인이 여전히 그 사건의 충격에서 벗어나지 못하고 있다면, 저는 이겨도 이긴 것 같지 않습니다.

6

조직의 대처

· · · · · ·

조직 내 성범죄 피해자들은 바로 경찰에 신고하고, 또 회사 내에 성폭력 전담 부서가 있다면 이를 알려야 합니다.

피해자가 가해자를 직접 대면하는 것이 힘든 일이니 회사는 두 사람을 분리하는 게 마땅합니다. 조직 내에서 성범죄가 일어났을 경우 조직 내부에서 입는 타격도 적지 않습니다만, 조직은 피해에서 최대한 빨리 회복할 수 있도록 조직의 힘을 동원하는 것이 필요합니다.

상당히 많은 성범죄가 가족이나 친척 등의 혈족 집단이나 회사나 학교 같은 조직에서 일어납니다. 집단 내에서 발생하는 성범죄는 피해자가 피해 사실을 폭로하기 힘듭니다. 우리 사회에는 성에 대해 보수적인 문화가 깔려 있고 성을 부끄럽고 은밀한 것으로 여기는 풍토가 있습니다. 또, 개인보다 집단의 이익을 우선시합니다. 집단의 이익을 위해 집단에 잘 녹아드는 개인을 인재로 여기는 문화가 있죠. 따라서 보통 조직은 내부에서 이런 사건이 발생할 경우 이를 무마하고 쉬쉬하려는 경향이 있습니다.

조직은 살아있는 생명체와 비슷합니다. 유기적으로 움직입니다. 사람 몸에 바이러스가 침입하면 항체가 작용해 바이러스를 공격하는 것을 면역반응이라고 합니다. 조직도 마찬가지입니다. 조직의 안정성을 해치는 문제가 발생하면 원래 상태로 돌아가기 위해 서둘러 문제를 해결하려고 합니다. 완벽한 복원은 어렵겠지만 최대한 원 상태로 돌려놓기 위해 방향을 설정하게 되는데, 여태까지는 그 과정에서 안타까운 일이 많았습니다. 조직 대부분은 사건을 은폐하려 했고, 문제를 제대로 해결하지 못한 경우가 많습니다.

조직은 피해자가 피해를 호소할 경우 조직의 평온함이 깨졌다고 판단합니다. 그리고 그 타격이 어디서 왔는지 확인합니다. 우리 사회에서는 성범죄가 발생했을 경우 어떤 식으로든 '피해자 책임론'이 대두합니다. 이러한 사회 분위기 때문에 대부분의 조직은 사건이 외부에 유출되지 않도록 단속하거나 사건을 무마하고 피해자의 입을 막으려 애쓰곤 합니다. 조직은 통상 피해자의 이익보다 집단의 이익을 우선시하여 이런 문제가 커져서 시끄러워지는 것을 막으려 합니다.

실제로 많은 조직이 이런 미봉책으로 문제를 덮으려 했고, 그 결과 과거에는 이런 일들이 외부로 새어나가지 않았습니다. 결국 피해자들이 사건 이후 어디 가서 어떻게 살고 있는지조차 알 수 없었죠. 여러 가지 이유로 조직 내 성범죄는 공론화되지 못했습니다. 실제로 과거의 조직 내 성범죄 피해자들은 자신이 이루어놓은 모든 것을 잃을 각오를 하고 폭로를 결심해야 했습니다.

조직 내 성범죄에 대한 조직의 이러한 대처는 매우 잘못된 것이라고 생각합니다. 보통 조직 내 성범죄의 가해자는 피해자보다 높은 직급인 경우가 많습니다. '누가 회사에 더 필요한 구성원인가?'라는 판단은 제가 할 수 있는 게 아니지만, 회사라는 곳은 상하구조를 가진 조직체라 직급이 높고 책임이 큰 사람을 우선시합니다. 해당 사건의 당사자들 중 한 명을 굳이 내쳐야 한다면, 조직을 위해 어쩔 수 없이 비교적 회사에 덜 필요한 피해자를 버려야 했다고 말할 겁니다.

성범죄 피해자가 자신의 피해를 호소하면 꽤 많은 조직이 가해자가 아닌 피해자로부터 성범죄의 발생 원인을 찾으려고 합니다. 가해자로부터 발생 원인을 찾거나 조직문화의 문제점을 드러내는 것은 '조용히 덮을 수 있는 일'을 키우는 것이라고 생각합니다. 즉 조직으로서는 일개 구성원에 불과한 피해자로 인해 조직이 흔들리는 것을 용납할 수 없어서 피해 사실을 축소하기 위해, 성범죄 발생 원인을 가해자나 조직문화가 아닌 피해자로부터 찾으려고 했던 것입니다.

피해자 외의 조직 구성원들도 성범죄를 단순히 남녀 간의 문제로 치부하기도 합니다. 또, 피해자의 평소 태도나 행실을 문제 삼기까지 합니다. 이처럼 조직에서는 피해자의 피해를 단순한 남녀 간의 애정 문제 또는 단순한 실수로 규정하려는 시도를 합니다.

피해 사실을 폭로한 피해자는 이러한 조직의 대처에 좌절하게 되고 심각한 정신적 충격을 받습니다. 평소 믿었던 동료들로부터 외면받는다는 느낌을 받는 것은 물론이고, 시간이 지날수록 스스로 자신을 조직에 누를 끼치는 사람으로 생각하기도 합니다. 심지어 일을 키우기 싫어서 피해 사실을 축소하려는 모습까지 보이기도 합니다. 실제로 한 의뢰인은 사건이 마무리되고 좋은 결과가 나왔음에도 저에게 "변호사님, 사실은 제가 다 잘못했던 건가 봐요. 모든 사람이 저를 비난하니까요"라고 말했었습니다. 그녀는 자신도 모르는 사이에 사람들의 비난 등 2차 가해로 몸과 마음이 많이 지쳐있었던 것 같습니다. 정말 마음이 아팠습니다.

피해자 역시 가해자와 같은 사회, 같은 문화에서 살아온 사람입니다. 그래서 피해자들도 스스로 원인을 자기 안에서 찾고, 사회의 오랜 관념을 거스르지 않고자 합니다. 이들은 범죄 피해자임에도 불구하고 사회 규칙에서 벗어났다는 생각이 드는지, 다시 사회 안으로 들어가기 위해 윗사람들이 말하는 것에 순응하려는 시도를 합니다. 피해자들이 비겁해서나 나약해서가 아닙니다. 사건이 벌어진 순간 피해자들은 이미 고립되었다고 느낍니다.

SNS나 온라인 커뮤니티 등으로 촘촘히 엮인 네트워크 사회입니다. 누구나 글을 올릴 수 있고 자기 의견을 개진할 수 있습니다. 사건이 알려지면 아주 쉽게 공론화됩니다. 공론화 과정에서 사람들의 마음을 알아볼 수도 있는 것이고요. 기존의 조직문화에 문제가 있다는 것을 알아챈 사람들이 많습니다. 피해자 인권이 가장 중요하다는 의식이 점점 확산되고 있으니 이젠 예전처럼 조직의 은폐 시도는 별 의미가 없을 것이라 봅니다. 또, 그래야 한다고 생각하고요.

한국형 '미투' 운동의 초석이 된 사례 1번 중견 기업 사건도 조직 내 성범죄 피해의 단면을 여실히 보여준 사건이었고, 스스로 신분을 드러내고 피해를 호소한 서지현 검사도 검찰 조직 내 성범죄의 피해자였습니다. 문화예술계로 번져 나갔던 '미투' 운동 역시 회사는 아니지만 일과 생활을 공유하는 집단 내에서 일어난 일들이었습니다.

단순히 조직 구성원들 간에 갈등이 일어난 정도가 아니라 조직 내에서 한 사람이 다른 사람에게 폭력을 가했다면 조직은 당연히 가해자를 처벌하고 징계하는 것이 옳습니다. 하지만 제가 접한 몇 가지 사건들 중에는 피해자가 매우 부당한 과정을 거쳐 2차 가해를 당한 경우도 꽤 있었습니다.

아래의 사례들을 통해 조직의 현명한 대처가 어떤 것인지 함께 생각해 봤으면 합니다.

社 생 활 변 호 사

연쇄적 성폭력 사건이 일어난 중견 기업의 경우

사례 1번 중견 기업의 사내 성폭력 사건은 2017년 피해자가 포털 사이트에 글을 올리면서 알려지게 되었습니다. 해당 사건은 피해자가 자신의 신분을 노출하지는 않았지만 서지현 검사, 김지은 씨, 문화예술계 '미투' 등 다양한 '미투' 운동의 초석이 되었던 매우 큰 사건이었습니다. 여담이지만, 2017년 11월에 세간에 알려지고 난 후 약 두 달 만에 2017년 연간 검색어 순위 2위에 랭크되었을 정도로 온 국민이 관심을 가졌던 사건입니다.

사건의 양상이 낱낱이 밝혀지면서 조직 내 성범죄가 얼마나 심각한지 알려졌고, 피해자들이 하나 둘 조직 내 성범죄에 대해 알리기 시작했습니다. 제가 이 사건을 맡았던 것은 포털사이트의 사연을 보고 안타깝기도 했지만 피해자가 최대한 회복할 수 있도록 돕고 싶어서였습니다.

처음 '몰카' 사건으로 피해를 입은 A 씨는 이 사건을 경찰에 신고했고, 그 후 수사과정에서 잘 도와주던 직속상사로부터 성폭행 피해를 입게 됩니다. 사건이 발생한 것은 2017년 1월 14일이었고, 피해자는 바로 그 다음날 사건을 신고했습니다. 회사는 2017년 1월 16일 경찰로부터 이 사건을 전달받고 법무팀에 지시하여 자체 조사를 시작했습니다. 사내에 법무팀이 있는 회사는 꽤 규모가 있는 회사입니다. 그렇지 못한 회사가 더 많습니다.

직속상사는 내부조사에서도 강간혐의가 인정되어 2017년 1월 24일 해고조치를 받았습니다. 그런데 여기서 사건이 새로운 국면으로 바뀌었습니다.

회사의 총괄팀장이 A 씨를 만납니다. 1월 26일이었습니다. 총괄팀장은 회사에 제출한 진술서의 내용을 '강간이 아니다'로 번복하라고 A 씨에게 요구합니다. 그렇지 않으면 해고를 당할 것이라고 협박하면서요. A 씨는 수차례의 진술과 조사로 지쳐 있는 상태였습니다. A 씨는 망설이다가, 경찰이 아니라 회사에 제출하는 것이니 회사 내 조치에만 적용될 거라고 생각해서 진술서의 내용을 수정하여 2월 3일경 회사에 제출했습니다. A 씨는 총괄팀장의 진술 번복 요구와 직속상사의 계속된 합의 요구, 수사 미진으로 인해 2월 19일 형사고소를 취하했습니다 (A 씨가 처음 경찰에 신고한 것이 2017년 1월 15일이었는데 피의자 조사는 2017년 2월 19일 이후에 이루어졌습니다. 이례적으로 수사기관은 한 달 넘는 기간 동안 CCTV 영상 확보는커녕 현장에조차 가보지 않았습니다). 결국 직속상사의 강간혐의는 2017년 3월 15일 불기소 처분이 났습니다.

A 씨의 진술 번복을 강요했던 총괄팀장은 2017년 4월 14일 수습계약 연장 논의를 위한 출장 명목으로 A 씨와 부산에 갑니다. A 씨가 쉽게 진술 번복과 고소 취하를 하는 것을 보고 본인이 범죄를 시도해도 또 은폐할 수 있다고 생각했는지, 부산에서 A 씨를 간음하려다가 미수

에 그쳤습니다. 성폭력 피해를 호소했던 A 씨를 생계를 빌미로 협박한 것도 모자라서 다시 한 번 강간하려고 했습니다.

A 씨가 겪은 일들은 모두 같은 조직 내에서 일어난 일입니다. 2016년 12월 23일 '몰카' 피해, 2017년 1월 14일 강간 피해, 2017년 1월 26일 진술 번복 강요 피해, 2017년 4월 15일 강간 내지 강제추행 미수 피해.

사건의 가해자는 같이 신입사원 교육을 받았던 동료 신입사원에서 직속상사, 총괄팀장 등으로 지위가 점점 높아졌습니다. 첫 번째가 불특정 다수를 대상으로 한 범죄였다면 두 번째와 세 번째는 목표를 갖고 범죄를 저지른 케이스입니다. 5개월의 짧은 기간 동안 세 번이나 순차적으로 독립적 사건이 발생했으며, 총괄팀장은 진술을 번복하라는 2차 가해까지 입혔습니다. 게다가 A 씨는 진술을 번복한 후 회사의 몇몇 동료들로부터 '꽃뱀'이라는 오해까지 받았습니다.

두 번째 직속상사의 가해 사건에 대해 A 씨가 진술을 번복하자 이 사실이 회사에 퍼져 사내에서는 '강간이 아닌, 호감 있는 남녀 사이에서 벌어진, 우발적이지만 정상적인 성관계인데 A 씨가 다른 목적이 있어서 고소했다' 'A 씨는 사실 피해자가 아니라 꽃뱀이다'라는 추문이 잇달아 퍼졌습니다. A 씨는 2017년 2월 대학 졸업 예정이었습니다. 교육생이자 수습사원의 신분이었습니다. 사회경험이 없었던 A 씨는 상상하지 못할 일을 겪었고 이런 비상식적인 일이 태연하게 벌어지는 상황에 대해 대처할 수 없었다고 고백했습니다.

이 사건에서 조직은 어떻게 대응했는지 자세히 따져보겠습니다.

회사는 법무팀 소관 하에 여성 변호사를 통해 A 씨의 피해 진술을 들었습니다. A 씨의 안정을 기하려고 했던 조치로 볼 수 있습니다. 법무팀은 전반적 상황에 대해 조사를 시작했습니다. 1월 16일 월요일부터 시작된 조사는 24일에 마무리되었습니다. 법무팀은 상황을 파악하고 징계 결정을 내렸습니다. 회사는 직속상사의 범죄 사실을 모두 인정하고 직속상사에 대해 해고 조치를 내렸습니다.

A 씨는 회사 내에 자기 사건이 알려질까 봐 두려웠습니다. 회사 법무팀은 이 일을 철저히 비밀에 부치고 소문이 돌지 않도록 철저히 보안을 유지했습니다. 또한, 법무팀은 가해자를 피해자로부터 완전 분리하는 매뉴얼까지 잘 지켰습니다. 법무팀은 상식적으로 사건에 잘 대처했다고 판단합니다.

하지만 총괄팀장이 무단으로 개입하면서 사건의 국면이 바뀌고 맙니다. 중간관리자의 잘못된 판단으로 인하여 피해자도 조직도 큰 피해를 입게 되는데, 이에 대해서는 후술하도록 하겠습니다.

2017년 1월 24일 직속상사에 대한 해고 결정이 난 다음날인 1월 25일, 회사의 총괄팀장은 A 씨에게 연락을 해서 만나자고 합니다. 1월 26일 A 씨는 총괄팀장을 만납니다. 총괄팀장은 A 씨에게 이렇게 말합니다.

"이 조치는 완전히 잘못되었다. 성범죄 내부 조사는 나의 업무다."

대학 졸업을 앞두고 있는 사회 새내기에게 총괄팀장의 발언은 무섭고 당황스러웠습니다. 총괄팀장은 덧붙였습니다.

"이 사건에 대한 진술서를 다시 작성해야 한다. 진술을 번복해라. 강간이 아니었다고 진술서를 다시 써서 제출해라. 그렇지 않으면 가해자가 해고 조치를 당하는 동시에 이 사건이 알려질 것이다. 일 잘하던 사람이 왜 갑자기 회사를 그만두나. 전부 소문이 난다. 가해자가 해고되는 순간 회사가 시끄러워지고 당신도 피해를 입는다. 이 조치는 잘못되었다. 없던 일로 하는 게 모두에게 좋은 일이다. 법무팀의 조치가 잘못되었기 때문이다."

총괄팀장은 법무팀의 여성 변호사가 A 씨의 진술을 참고하여 비교적 객관적으로 작성한 피해 사실에 대한 진술서를 가지고 와서 진술서 뒤에 자필로 '강간은 아니었다' '해고'라는 메모를 해가며 구체적으로 어떻게 문장을 써야 하는지 지시했습니다. 총괄팀장은 그 내용대로 써서 제출하라고 한 뒤 다른 업무가 있다며 A 씨를 커피숍에 남겨두고 자리를 떴습니다.

A 씨는 어제까지만 해도, 끔찍한 일들이었지만 모든 일이 잘 해결되고 있다고, 죄 지은 사람들이 그에 합당한 대가를 받게 되었으니 모든 것은 곧 마무리될 거라고 믿었습니다. 그런데 갑자기 총괄팀장이 끼어들면서 모든 것이 무너지게 생겼습니다. A 씨는 이러한 총괄팀장

의 비상식적인 행동을 보고, 혹시 회사가 강간 사건을 은폐하려는 것인지, 강한 의구심과 두려움이 들었다고 합니다.

총괄팀장은 소문이 안 나게 하려면 진술을 번복하라고 협박했지만, 정작 이 사실을 사내에 알리고 다닌 건 총괄팀장이었습니다. 회사 내부의 많은 사람이 총괄팀장의 입을 통해 이 사실을 들었습니다. 소문이 퍼지자 많은 직원들이 피해자를 '꽃뱀' 프레임에 가두기 시작했습니다. A 씨는 상황이 최악으로 치닫자 좌절하여 극단적인 생각까지 했습니다. 하지만 어렵게 취업한 회사를 포기하기 어려웠습니다. 가장 두려웠던 것은 회사 내부의 소문보다도 부모님이 알게 되는 것이었습니다. 회사를 그만두게 되면 부모님에게 뭐라고 둘러대야 할지 몰랐습니다. 조직 내 성범죄 피해자는 상사의 압박에 굴복하기 쉽습니다. 당장 상사의 지시를 거부하여 회사를 그만두게 되면 먹고사는 문제가 해결되지 않는 경우가 태반입니다. 피해자는 회사를 계속 다니기 위해, 즉 먹고살기 위해, 상사의 부당한 지시를 거부하지 못하는 경우가 많습니다.

결국 A 씨는 총괄팀장의 요구를 들어줬습니다. 열흘 쯤 고민하다가 총괄팀장의 계속되는 연락과 요구에 지쳐 진술을 번복해 다른 진술서를 제출했습니다. 피해 사실이 사라질 수 있다는 두려움도 있었지만, 수사기관이 수사를 계속하고 있으니 형사처벌은 그대로 진행될 거라고 생각했습니다. 수사기관에서 혐의를 입증해주면 협박에 의해 제출한 거짓 진술서는 그 효력을 잃을 것이라 판단한 것이죠.

그러나 회사는 A 씨가 새로운 진술서를 제출하자마자 직속상사에 대한 해고 조치를 '3개월 정직'으로 변경하였습니다. 직속상사는 이에 대해 이의를 제기하지 않았고, 징계는 정직 3개월로 확정되었습니다.

오히려 A 씨는 '풍기문란'으로 징계를 받았습니다. 사내 직속상사와 부적절한 관계를 맺고 진술을 번복했다는 이유였습니다. 6개월 감봉 조치였습니다. 입사하자마자였지요. A 씨는 회사 측에 부당하다고 항의했으나, 이미 A 씨가 진술서를 번복해버렸기 때문에 회사에서는 해당 징계를 철회하지 않았습니다. A 씨는 더 저항해도 소용없을 거라고 생각했습니다. 또한, 사내 징계절차는 이렇게 마무리되는 줄로 생각했고 더 이상 일을 키우지 않기로 했습니다.

그러나 A 씨가 (내용을 번복한)거짓 진술서를 제출한 것을 알게 된 가해자는 A 씨에게 고소를 취하해 달라고 집요하게 요구했습니다. 가해자는 이제 돌파구를 찾았다고 생각했나 봅니다. 총괄팀장의 '권유'에 진술을 번복해줬다면 자기도 매달리는 만큼 성과를 얻을 수 있을 것이라 생각했겠죠.

A 씨는 주변에 도와줄 수 있는 사람이 없었습니다. 부모님도 이 사실을 모르고 있었고요. A 씨는 이 사건 중에 교통사고까지 당합니다. 가해자는 집과 회사, 교통사고로 입원한 병원까지 찾아옵니다. 끈질기게 따라붙는 가해자에게 지친 A 씨는 큰 사고까지 당했으니 처참했을 겁니다. 게다가 사건 담당자인 수사관은 A 씨에게 상세한 진행상황을

알려주지 않았고, 수사 담당자가 변경되기도 했습니다. 고소취하서가 제출되기까지 수사기관에서 통보가 없자 A 씨는 수사도 잘되지 않는다는 생각이 들었습니다. 처음 해바라기센터에서 담당자가 자기 얘기를 믿어주지 않고 질책하듯이 조사했던 것도 떠올랐습니다. 수사기관에서는 CCTV 영상을 확보했다고 했지만 그것도 거짓말이었고요. A 씨는 혼자 싸우기 힘들다는 결론을 내렸습니다. 결국 모든 것을 포기하기로 하고 형사합의를 해주게 됩니다. 2017년 2월 19일이었습니다.

A 씨는 수습기간 중이었는데 그해 4월에 총괄팀장으로부터 수습기간이 끝났으니 이에 대한 협의가 필요하다는 연락을 받았습니다. 총괄팀장은 4월 14일 금요일로 날짜를 잡고는 부산에서 회의를 해야 한다고 말했습니다. 수습직원인 A 씨의 소속팀장에게도 수습기간 종료에 대한 건으로 A 씨를 부산에서 만나야 하니 휴가원을 허락해주라고 말해두었고요. A 씨는 왜 부산까지 가야 하는지 모르지만 자기 소속부서의 팀장까지 휴가를 내고 가라고 하니 그런가 보다 하고 부산까지 가게 됩니다. 총괄팀장은 저녁식사 후 회사가 지정한 숙소라며 A 씨에게 숙소를 안내했고 그 장소에서 성폭행을 시도했습니다. 다행히 A 씨가 무사히 도망 나와 미수에 그쳤습니다.

A 씨는 조직 내에서 세 번이나 성폭력을 겪었습니다. 미수에 그친 것이 뭐가 중요할까요. 시도를 목격하고 겪은 것은 A 씨이고, 이 피해는 고스란히 A 씨에게 남았습니다.

A 씨는 이제 더 이상 회사에 좋은 감정이 없습니다. 운명이 아닐까 싶을 정도로 참담한 결과만 남았습니다. A 씨는 총괄팀장의 성폭행 미수 사건을 회사에 알리고 사직 의사를 밝힙니다. 회사는 A 씨에게 계속 회사를 다니라고 설득합니다. 원하는 곳으로 발령도 내줍니다. 하지만 A 씨는 더 이상 회사를 다닐 수가 없습니다. 이제 그 회사의 이름만 봐도 치가 떨리지 않겠습니까? 회사는 2017년 9월부터 2개월간 유급휴가를 주기로 결정합니다. 사건이 난 때로부터 5개월이 지났는데 A 씨는 퇴사도 하지 못했습니다. 이 사이에 A 씨가 입은 피해에 대해 왜곡된 소문이 돌기 시작합니다. A 씨는 직속상사와 사귀는 사이였는데 갑자기 기분이 틀어져서 다른 목적을 가지고 가해자를 고소한 '꽃뱀'이라는 겁니다. 이 얘기가 직속상사에게서 나왔다는 말도 돕니다.

여기까지가 A 씨가 혼자 사건을 감당한 수개월 간의 일이었습니다. 11월, 회사 복직을 앞두고 A 씨는 포털사이트에 자기가 겪은 일에 대해 글을 올렸습니다. 몇 시간도 안 되어 회사에서 이 사실을 알고 게시물을 내리라고 요구했습니다. A 씨는 이미 다 망친 일이니 그 요구도 들어줍니다. 그러나 캡처된 글이 여기저기 퍼지면서 이 사건이 세상에 알려지게 됩니다. 저도 이 글을 보고 안타까운 마음에 A 씨에게 법률적 조언이 필요하면 연락하라는 댓글을 달았고, A 씨가 제게 연락을 해와 사건의 피해자 변호인이 되었습니다.

이 회사는 중견 기업이지만 남녀의 성비가 크게 차이 납니다. 본사

성비도 그렇지만 현장에서 시공하는 현장 직원까지 더하면 여성 비율이 현저히 낮습니다. 남성 위주의 문화가 형성될 수밖에 없다고 봅니다.

A 씨가 기억하는 이 회사는 회식이 매우 잦고, 고단한 하루의 피로를 술로 푸는 것이 당연한 곳이었습니다. 여성 직원들도 남성 중심의 술 문화에 적응하기를 강요받고 당연히 술을 많이 마셨다고 합니다. 회식이 잦은 조직은 사람보다 술이 관계의 매개체가 됩니다. 늘 마시는 술이니, 누가 누구와 술을 같이 마시는지가 주목할 일도 아니라는 겁니다. '저 사람이 왜 나랑 술을 마시자고 하지?' 하고 의심할 문화가 아닌 것이죠.

저는 이 사건을 2010년대 후반의 상징적인 사건으로 보고 싶습니다. '몰카', 직장 내 위력에 의한 성폭행, 그루밍 성폭력, 조직의 회유와 사건 무마 시도, 두 번째 성폭력 미수 사건 그리고 이후에도 온라인에서의 2차 가해가 이어졌습니다. 이 사건은 이 시대의 조직 내 성폭력 사건의 모든 것을 담고 있다고 해도 과언이 아닙니다.

가해자(노조 간부)가 증거를 조작한 대형은행의 경우

사례 2번 대형은행 노조 간부 사건을 기억하실 겁니다. 이 사건의 피해자 B 씨는 무고죄로 역고소를 당한 후 기소되어 재판정에 섰습니다. 다행히 1심에서는 '노조 간부의 녹음파일 조작'으로 인해 무죄가 선고되었으나, 2심과 3심에서는 '노조 간부로서는 성범죄자로 처벌될지도 모른다는 두려움에 녹음파일을 조작할 수도 있다'는 석연찮은 이유로 유죄가 선고되었습니다. B 씨의 성범죄 피해는 공식적으로 '없었던 일'이 되어버렸습니다. 패소한 변호사 그리고 의뢰인의 아픔을 다 보듬지 못한 변호사로서 달리 할 말은 없지만, 본 건 역시 조직이 조직에서 발생한 문제를 가능한 한 축소하려 하는 특성이 잘 드러난 건이라 언급하지 않을 수 없습니다.

B 씨를 처음 만났을 때 B 씨의 성범죄 피해 고소 및 회사 징계 신청은 모두 무혐의로 종결된 상태였습니다. 게다가 B 씨는 노조 간부로부터 무고죄로 고소를 당해 재판까지 받아야 하는 상황이었죠.

무혐의의 근거가 된 주된 증거는 사건 당시 노조 간부가 녹음 후 조작해 제출한 녹음파일과 비교적 의식이 있어 보였던 B 씨의 모습이 담긴 CCTV 영상이었습니다.

당시 회사에서는 조작된 녹음파일의 진위 여부는 확인하지 않은 채 서둘러 노조 간부의 성범죄 혐의를 무혐의로 처리해버렸습니다. 조직은 일이 커지는 것을 그다지 바라지 않았을 것이고, 녹음파일이라는 '확정적(?)' 증거까지 있으니 서둘러 '아무 일도 없었던 것처럼' 종결하고 싶어 했을 것입니다. 부끄럽지만 제가 담당자였더라도 그러한 유혹에 넘어갔을지도 모르겠습니다. 만약 회사가 조금만 세심하게 녹음파일의 진위를 확인하였더라면 회사로서는 당연히 노조 간부에게 징계를 내렸을 것입니다. 노조 간부가 성범죄를 인정하지 않았더라도 회사의 시각에서도 증거를 조작하는 행위는 매우 비상식적인 행위기에 징계할 가능성이 높았을 것입니다.

혹자는 일반 사기업에서 어떻게 녹음파일의 진위를 확인할 수 있냐고 반문할 수 있으나, 파일의 진위 여부는 사설 포렌식 업체에 30만 원 정도만 지불하면 얼마든지 확인이 가능합니다.

회사의 정직원이 성범죄 피해를 호소한다는 것은 자신에게 닥칠지도 모르는 불이익을 감수하고 큰 용기를 내는 행위입니다. 따라서 회사는 그 자체만으로도 진상조사를 해야 하는데, 가해 혐의자가 제출한 녹음파일만 갖고 사건을 종결해버린 것입니다. 저는 그 점이 무척이나 안타깝습니다.

성범죄의 무고는 생각보다 많지 않습니다. 진실한 피해자들도 무고죄를 두려워하는데, 거짓 피해를 주장하기가 쉽지 않기 때문입니다. 게다가 안정적인 직장을 가진 사람이라면 더욱 그렇습니다. 분명 이유가 있기 때문에 피해를 호소합니다. 가해 혐의자의 행위가 현행법상 처벌 대상이 아니더라도 우리 도덕에 비추어 보았을 때 비난받을 만한 것이라면 우리는 피해자를 '꽃뱀'으로 몰아서는 안 됩니다. 어렵사리 낸 용기에 귀를 기울일 필요가 있습니다. 조직의 안정성도 중요하지만

社 생활 변호사

그 조직은 결국 구성원 없이는 존속할 수 없다는 사실을 잊어서는 안 될 것입니다.

신용카드회사 팀장 사건의 경우

사례 3번으로 소개한, 신용카드회사 팀장이 가해한 사건은 회사의 대처가 부적절해서 여론의 비난을 받은 케이스입니다. 사건이 언론에 알려진 것은 피해자가 이 사건에 대해 온라인 커뮤니티에 먼저 글을 올렸기 때문입니다. 피해자는 카드판촉사원이었습니다. 가해자는 관리팀장이었고요. 피해자는 위촉계약직으로 고용이 불안정하다고 볼 수밖에 없습니다. 피해자의 글이 세상에 알려지자 회사 측은 공식 페이스북 계정을 통해 입장을 발표합니다.

○○카드는 성폭력 등의 직장 안전 문제에 매우 단호합니다. 이를 위한 제도와 프로세스를 가장 빠르게 도입하여 왔고 철저히 운영하고 있습니다. 말뿐이 아닌 과거 십년간 저희 회사의 감사 내용과 인사위원회의 결정들이 이를 뒷받침합니다. 오늘 당사 관련하여 올라온 기사 건은 자체 감사실과 전문적인 외부 감사업체가 이중으로 조사하였고 동시에 검경의 조사도 병행되었

습니다. 모두 같은 결론으로 종결이 되었습니다. 사내 케이스의 자세한 내용을 대외적으로 밝히며 갑론을박하는 것은 저희들이 취할 수 있는 입장이 아닙니다. 당사가 직원 보호를 소홀히 했다는 예단은 매우 유감입니다.

이 글은 오히려 불난 집에 기름을 끼얹는 역할을 했습니다. 여론은 폭행이나 강력범죄에 매우 예민하게 반응하기 마련인데 회사 측의 대응이 '우리는 잘해왔고 잘하고 있으니 책임을 거론하지 말라'는 식으로 읽혔던 모양입니다. '그래서 지금 잘했다는 거냐?' 투의 댓글이 폭발적으로 달렸고, 회사 측은 바로 다음날 태도를 바꾼 글을 게시합니다.

당사자를 면담한 내용을 바탕으로 주변인 증언 및 당시 정황 등을 면밀히 조사한 결과, 당사는 물론 외부 감사업체도 이를 성폭력으로 보기 어렵다고 판단했습니다. 고소에 따른 수사가 이뤄졌지만 경찰과 검찰 모두 가해자로 지목된 B 씨에 대해 '혐의 없음' 처분을 내렸습니다. 언론에 보도된 것과 같이 B 씨는 고소인 A 씨를 '무고 및 명예훼손 혐의'로 맞고소한 상태입니다. ○○카드는 성폭력 등 직장 내 안전 문제에 엄격히 대처해왔습니다. 내부 감사의 한계를 극복하기 위해 전문적인 외부업체에도 감사를 의뢰하고 있습니다. 어떤 사안에도 예외 없이 책임 소재를 분명히 해 엄벌하는 '무관용 원칙 (Zero Tolerance)'을 지켜왔습니다. 특히 이번에는 두 사람의 인생이 걸린 중차

대한 사안인 만큼, 그 어느 때보다 신중하게 조사했습니다. 당사는 이번 일을 교훈으로 삼아, 향후 보다 철저하고 신속하게 직장 내 안전 문제에 대처하도록 노력하겠습니다. 다시 한번 여러분께 송구스러운 마음을 전합니다.

진실 여부를 떠나서 회사 측에서 성범죄 사안에 대해 언급하는 것은 매우 까다로운 문제입니다. 회사 입장에서 입장표명을 하지 않고 있으면 그 역시 여론의 질타를 받게 됩니다.

기업체에 부품을 공급하는 등 소비자와 대면하지 않는 회사는 다를 수 있겠지만, 소비자를 직접 만나야 하는 회사의 경우 마케팅과 홍보가 정말 중요합니다. 회사의 이름이 언급되는 성폭력 사건은 담당자들을 난감하게 만들 수밖에 없습니다. 조직은 안정성을 최우선으로 해야 하니까요.

하지만 담당자들이 당황하여 실수할 경우 여론이 돌아서는 경우가 있습니다. 게다가 요즘은 SNS 등으로 글 하나가 전달되는 속도를 감히 추측할 수 없습니다. 조직 내부의 구조적 문제가 아니라고 항변하는 것은 별로 이롭지 못하다고 볼 수밖에 없습니다. 사건이 일어났을 때 언론은 사람들이 충격적으로 받아들일 만할 때 보도하기 마련입니다. 사건이 잘 무마된 것에 대해서는 잘 보도하지 않습니다. 여론은 조금 더 자극적인 뉴스에 반응하기 마련이고요.

무엇보다 내부 시스템의 효율적이고 민주적인 구조와 건전한 조직

문화가 필요합니다. 문제가 발생했을 때 객관적인 제3자가 보더라도 적법해 보이는 절차로 진상조사를 해야 합니다. 그냥 쉬쉬하기만 해서는 안 됩니다. 호미로 막을 것을 가래로 막지 못하는 경우가 생길 수도 있기 때문입니다.

조직적 은폐와 피해자 배제

피해자가 제때 신고해서 가해자가 처벌받았던 별도 사례가 있습니다. 모 대학교 스포츠 동아리에서 가해자가 동기를 성폭행한 사건입니다. 준강간 사건이라 실형이 나올 가능성이 컸으나, 가해자와 그 부모가 피해자에게 진심으로 사과하고 용서를 구하여 '합의'가 되었던 사건입니다.

가해자와 피해자는 배드민턴 동아리에서 만난 관계였습니다. 피해자는 이 사건 이후 동아리에서 비슷한 유형의 사건이 발생해 다른 피해자가 생길까 우려했습니다. 피해자는 동아리 운영진에게 사건을 알리고, 다시는 이런 일이 일어나지 않도록 재발 방지 대책을 촉구했습니다. 하지만 동아리 운영진은 같은 학생들임에도 불구하고 피해자의 요구를 묵살했고, 동아리의 존립이 중요하다며 피해자가 동아리 활동을 못하게 하는 등 실질적으로 제명했습니다. 피해자는 피해를 인정받았고 가해자가 실형을 피하도록 배려도 했습니다만, 조직은 피해자를 간단히 내쳤습니다. 피해자는 운영진들이 동아리에 대한 애착이 컸다는 것을 이해하려고 애썼습니다.

저는 이 사건을 맡으며 동아리 운영진들에 대해 대단히 실망했습니다. 나이가 많아 사회의 때가 묻은 것도 아닐 텐데, 젊은 학생들의 대처가 '가해자 중심, 피해자 책임론'으로 향하는 것 같아 무척 불쾌했습니다. 한 번 겪어서 괜찮았던 일은 반복될 수 있습니다. 동아리 운영진은 나중에라도 자기들이 무슨 일을 저질렀는지 깨달았으면 합니다.

성범죄 피해 발생 시 회사의 대처

우리는 지금까지 각 사례를 통하여 회사 등 조직의 미흡한 대처에 대해 살펴보았습니다. 그렇다면 성범죄 피해가 발생했을 때 회사는 어떻게 대처해야 할까요?

가장 먼저 담당자가 생각해야 하는 것은 피해자와 가해자의 인권 보호입니다. 해당 사건이 발생했다는 소문이 나더라도, 그 당사자가 누구인지에 대해 철저히 비밀에 부쳐야 한다는 것입니다. 따라서 전담

처리기구의 설치가 매우 중요합니다. 규모가 큰 회사라면 법무팀에서 해당 업무를 수행할 수 있을 것이고, 작은 회사라면 도덕적으로 신뢰할 수 있는 담당자를 배정해두는 것이지요. 전담기구는 성범죄 사건이 발생할 경우 전담기구 내부에서만 정보를 공유하고 해당 정보가 밖으로 새어나가지 않도록 특히 유의할 필요가 있습니다. 참고로 1번 사례인 중견 기업의 경우 법무팀에서 해당 사건을 조사하였을 때는 당사자 신상에 대한 비밀이 철저히 유지되었습니다. 다른 조직과 비교해도 중견 기업의 법무팀이 행한 피해자 신상보호 조치는 매우 훌륭한 수준이었습니다.

그 다음으로는 피해를 주장하는 자와 가해 혐의자를 격리해야 합니다. 물론 이는 현실적으로 쉬운 것은 아닙니다. 규모가 작은 회사의 경우 더욱 그러하겠지요. 예를 들어 직원이 둘뿐인 회사를 상정해보겠습니다. 피해자가 유일한 경리직원이고 가해자가 중간관리자라면, 사장 입장에서는 '어떻게 격리해야 하나?'라고 생각할 수도 있습니다. 둘을 격리하면 당장 회사 업무가 마비될 수도 있으니까요.

그렇지만 방법은 생각해볼 수 있습니다. 가해 혐의자를 재택근무 혹은 사무실 외 근무를 하게 하는 등의 방법 말입니다. 규모가 큰 회사라면 크게 문제될 것은 없습니다. 공간을 분리하고 두 사람의 동선이 겹치지 않도록 배려하면 되는 문제입니다.

격리 조치 후 회사는 자체 조사를 진행할 필요가 있습니다. 이 과정에서 회사에서는 해당 사실을 수사기관에 고발할지 여부를 잘 고민해야 합니다. 제 개인적 의견으로는 피해자를 설득해서 고소하도록 하거나 피해자의 동의를 받아 고발하는 방법이 좋다고 생각합니다. 고소는 당사자가 하는 것이고, 고발은 제3자가 할 수 있습니다. 그러니 피해자가 하는 것은 고소이고, 회사가 피해자의 동의를 받아 진행하는 것은 고발입니다. 회사에서 충분히 조사할 수도 있으나, 성희롱 수준을 넘어선 성범죄라면 보다 정확한 수사가 필요하기 때문입니다.

물론 회사에서는 해당 사건이 알려져서 좋을 것이 없다고 생각할 수 있습니다. 아무 일이 발생하지 않은 것과 비교했을 때 당연히 회사 입장에서 좋을 것은 없겠지요. 그러나 호미로 막을 것을 후에 가래로도 못 막게 되는 경우가 생길 수 있습니다. 우리가 살펴본 대부분의 사내 성범죄는 회사의 이미지를 지켜보려고 사건을 축소하려다 도리어 회사에 돌이킬 수 없는 피해가 발생한 경우입니다. 회사에는 많은 구성원이 있고, 그 구성원들을 모두 통제한다는 것은 현실적으로 불가능합니다. 사회도 회사에 고도의 도덕적 의무를 요구하는 것이 아닙니다. 문제가 발생했을 때 이를 축소·은폐하려 하지 않고 정석적인 방법으로 대처한다면 나중에 해당 사건이 사회에 알려져도 비난할 사람은 거의 없다 할 것입니다. 특히 사례 1번 중견 기업의 경우, 총괄팀장은 실무책임자의 위치에서 의사결정권을 가지고 있었는데 완전히 잘못된 판단을 해버렸습니다. 총괄팀장이 개입하지 않았더라면 법무팀에서 객관적으로 조사한 사실에 기초하여 회사가 적절한 대처를 할 수 있었을 텐데, 이를 총괄팀장 개인의 오판으로 모두 망쳐버린 것입니다. 이 때문에 피해자가 고통을 받고 암흑의 시간을 보낸 만큼 중견 기업도 이미지에 어마어마한 타격을 입었습니다.

나아가 저는 회사가 피해자에게 충분한 지원과 설명을 통해 고소를 권유하고, 고소가 힘들다면 동의를 얻어 회사에서 고발한 후, 추후 수사 결과에 따라 가해자를 징계 처분하는 편이 회사 입장에서도 리스크를 줄일 수 있는 길이라고 확신합니다. 합리적 판단으로 발 빠르게 대처해 가해자를 처벌하고 피해자를 보호하는 것이 조직의 건강을 위해서도 좋습니다. 큰 회사일수록 사건이 외부에 유출될 가능성은 높습니다. 이때 잘 대응하게 되면 여론의 지지를 받고 회사 이미지도 향상될 수 있습니다.

만약 피해자가 형사고소를 원치 않고 고발에도 동의하지 않는다면 회사의 규모와 무관하게 진상조사가 이루어져야 할 것입니다. 회사 내 법무팀이 있다면 법무팀에서 조사하고, 별도로 외부 인력을 아웃소싱하여 조사를 진행할 수도 있습니다. 여러 개의 안전장치를 통해 조사가 제대로 이루어지도록 제어하는 것이지요. 법무법인을 외부조사 기관으로 정하는 경우가 많습니다. 회사 규모가 작고 전문가가 없다면 역시 외부 기관에 의뢰하는 것이 좋습니다. 물론 비용의 문제가 있으니 작은 규모의 회사라면 피해자를 설득해 고소·고발에 이르게 하는 것이 더 낫긴 합니다.

수사기관의 수사 결과와 진상조사 결과에 따라 그에 합당한 징계 등의 처벌이 필요합니다. 큰 규모의 회사라면 역시 문제없이 조치가 가능할 것입니다. 가해자에게는 합당한 징계가, 그리고 피해자에게는 회사 차원에서의 보상이 필요하다고 봅니다. 도의적 보상이라도 말입니다. 회사 구성원이 회사에서 알게 된 사람으로부터 피해를 입었다면 당연히 보상해줘야 하지 않을까요?

문제는 작은 규모의 회사입니다. 가해자가 핵심 인재이고 회사의 존립에 영향을 줄 수 있는 사람이라면 오너는 징계하지 못할 가능성이 큽니다. 그러나 성범죄자를 눈앞의 이익 때문에 보호하는 것만큼 어리석은 일은 없습니다. 성범죄를 저지르는 자는 반복적으로 범죄를 저지를 가능성이 크고 결국에는 회사에 큰 해가 될 것이 분명하기 때문입니다. 즉, 더 큰 피해가 발생하기 전에 합당한 징계가 필요하다는 것입니다.

기본만 지키면 되는데 사실 그것이 참 어렵습니다. 저 역시 여러 크고 작은 회사의 자문변호사 역할을 하다 보니 회사에서 모든 것을 매뉴얼대로 처리하기 힘들다는 것은 잘 압니다. 그러나 작은 문제를 덮었다가 큰 역풍을 맞을 수 있기에, 회사의 임원진은 늘 원칙을 고수하려 노력하는 게 옳다고 봅니다.

사실, 더 좋은 것은 조직 내 성범죄가 발생할 가능성을 낮추는 것이겠지요. 법에서는 일정 규모 이상의 회사는 성범죄 예방교육을 실시하도록 강제하고 있습니다. 그런데 그러한 교육은 '수박 겉핥기'식인 경우가 많습니다. 제가 성범죄 예방교육을 해보면 문제는 사실 매우 작은 것에서부터 시작되더군요. 성에 대한 남녀의 인식 차이, 세대 간의 인식 차이가 바로 그것입니다. 각자의 눈높이에 맞는 내실 있는 교육이 필요하다고 생각됩니다. 인식의 작은 변화가 회사의 문화 전체를 바꿀 수도 있으니까요. 성범죄 예방교육의 중요성은 아무리 강조해도 지나치지 않은 것 같습니다.

많은 조직이 성범죄 예방교육을 하고 있습니다. 직장인들이 필수적으로 들어야 하는 교육이기도 합니다. 하지만 어떤 기관의 성범죄 예방교육은 직장 내 성희롱 예방교육에 지나지 않는 경우가 허다합니다. 이런 교육들은 마치 '여기까지는 성희롱이 아니고 여기부터는 성희롱'이라는 단순한 논리로, '김영란법'에서 뇌물로 인정되는 범위를 말해주는 것처럼, 성희롱 예방법을 알려준다기보다 성희롱 처벌을 피해가는 법을 알려주는 느낌이 들 때도 있습니다.

회사의 교육담당자라면 성범죄 예방 교육기관을 섭외할 때 강사의 자질과 소양, 기관의 교육실적과 교안을 미리 확인해 실효성 있는 교육을 준비할 필요가 있습니다. 또한, 이러한 교육은 단순히 범죄를 저지르지 말라는 얘기에 머물러서는 안 되고 다양성과 인권의 관점에서 접근해야 범죄예방의 효과가 있습니다. 범죄는 남녀 구별을 떠나 인간이 인간에게 저질러서는 안 되는 행위입니다. 가능하다면 제대로 된 교육을 통해서 문제의 발생 가능성을 최대한 줄여야 합니다.

7

피해자에 대한 2차 가해

· · · · · ·

    성범죄의 2차 가해는 회사 내에서 왜곡된 소문을 퍼트려 피해자의 인신을 공격하거나 명예를 훼손하는 것뿐 아니라 제3자들이 개입해 피해자에 대해 이야기하는 것도 포함합니다.

    '미투' 운동이 일어나고 조직 내 성폭력 사건들이 공개되면서 기사화되자 이에 대한 댓글이 많이 달렸습니다. 피해자가 직접 포털사이트에 글을 올리기도 하고 가해자가 이에 대한 반박 글을 게시하는 일도 있었습니다.

너무 쉽고 너무 흔한 2차 가해

    제가 맡았던 사례 1번 중견 기업 사건은 여론의 반응이 유달리 컸던 케이스입니다. 사건 자체가 워낙 충격적이었던 만큼 대중들의 반응도 컸습니다. 사건에 시선이 집중되다 보니 피해자에 대한 2차 가해도 많았습니다. 2차 가해의 근원은 인간의 호기심인가 봅니다. 성범죄 사건이 밝혀지면 제3자들이 가장 궁금해 하는 것은 피해자의 신상입니다. 가해자에 대해선 별로 궁금해 하지 않더군요.

피해자의 외모와 신체조건 등의 신상을 궁금해 할 수는 있다 치더라도, 피해자의 신상을 유포하거나 사진을 공유하는 행위는 죄가 될 수 있습니다. 「성폭력범죄의 처벌 등에 관한 특례법」에 분명히 명시되어 있습니다. 이미 범죄의 피해를 겪은 사람입니다. 길을 지나가다가 누군가가 주먹을 휘둘러 쓰러진 사람을 보았다고 칩시다. 그 피해자의 신상을 알아보고 그걸 공개해서 공유하는 행위가 일어날까요? 이런 경우는 가해자의 얼굴을 공개하라는 여론이 더 크겠죠. 그런데 유독 성범죄에 대해서는 그렇지 않습니다. 성폭력은 폭력의 한 종류이며 은밀한 성을 이용해 상대방의 신체뿐 아니라 정신까지 해하는 것입니다. 어떤 피해자는 보호받아야 하고 어떤 피해자는 보호받지 않아야 할 이유는 없습니다. 또한, 성범죄의 경우 재판으로 시비를 가리는 경우가 있기 때문에 더욱더 피해자나 가해자를 무턱대고 공격하거나 피해자에게 책임을 뒤집어씌워선 안 됩니다.

자기 주변에서 일어난 일이든 전혀 모르는 제3자의 일이든 '인간에 대한 예의'는 지켰으면 합니다. 성폭력 사건으로 사람들 입에 오르내리는 사람은 모니터 속에 있는 가상의 인물이 아니라 살아 있는 사람입니다.

사례 1번 중견 기업 사건의 경우, 이런 2차 가해가 도를 넘었습니다. 저는 피해자를 대리하여, 명예훼손과 인신공격의 정도가 심하고 다른 사건에도 2차 가해를 가할 우려가 있다고 판단되는 이들을 모두 고소했습니다. 무분별한 고소라는 비난도 있었습니다만, 피해자는 여러 번 정신적인 충격을 받았습니다. 2019년 8월에 기사화되기도 했습니다. 언론사 인터뷰에도 응했습니다. 5만 건의 인신공격성 댓글 중 총 8천 건을 추려 고소했는데, 그중 5천 건은 취하하고 3천 건만 진행하였습니다. 피해자에게 가해지는 2차 가해를 어떻게든 줄여보고 싶습니다. 한 사람의 인격을 마구잡이로 공격하는 행위는 마땅히 처벌받아야 할 것입니다.

2차 가해의 이유는 몇 가지로 압축해볼 수 있습니다. 사회가 피해자에게 '피해자성'을 강요하는 경우와 가해자의 특수성이 같이 작용합니다. '피해자성'이라 함은 '피해자는 이러이러한 특성을 띠는 것이 마땅하다'고 보는 세상의 통념입니다. 법률에 명시되어 있지 않지만 판례를 종합해봤을 때 암묵적으로 특정하는 경향이 있습니다. '꽃뱀'으로 보는 무고 의심도 있습니다. 이에 대해 하나씩 점검해보려고 합니다.

피해자에 대한 편견

　'꽃뱀' 프레임이 발생하는 원인 중 하나는 피해자에 대한 편견입니다. 많은 사람이 성범죄 피해자라고 하면 연약하고 순결한 여성을 떠올립니다. 잔혹한 범죄에서 살아남은 생존자라 여기기도 합니다. 그러나 성범죄는 불행하게도 일상에서 흔히 일어나는 사건입니다. 신고하지 못하는 성폭력 피해자가 훨씬 많습니다.

　사람들이 흔히 생각하는 성범죄는 이렇습니다. 가녀린 여성이 무시무시한 폭행을 당하고 죽을 각오로 반항하지만 결국 제압당해 피해를 당하면서 눈물을 흘립니다. 피해 후에는 충격으로 일상생활을 제대로 못 하고 정신을 놓아버리거나 극단적인 선택을 하는 것으로 생각하기도 합니다. 제가 알기로 이런 장면들은 80년대 영화에서 자주 등장했던 것입니다.

　80년대 미디어에서 다뤘던 이런 이야기 구조는 우리 사회가 산업화 시대의 여성들을 어떻게 대했는가를 보여주는 상징에 불과합니다. 사실을 나열했다고 보기도 어렵습니다. 그때는 혼전순결을 가치 있는 것으로 봤고, 미혼여성에게는 순결을, 기혼여성에게는 정조를 강조했습니다. 자기 결정권을 보호해주기보다 누군가가 부여하는 '여성으로서의 지위'를 받아들이라고 여성들에게 강요했던 것입니다. '누구의 딸'로, '누구의 아내'로 살아야 한다고 은밀하게 그리고 지속적으로 여성들에게 속삭였던 것입니다.

　남자들 사이에서 여성의 성적 결정권을 침해하는 행위가 영웅담처럼 전해지던 시절이 있었습니다. 불과 10여 년 전만 해도 이를 범죄라고 생각하는 이가 별로 없었습니다. 당시의 영화나 드라마를 보면 이런 장면이 많이 나타납니다. 누군가를 사랑한다면 고백하고 서로 소통하며 사랑을 확인해가는 과정이 우선되어야 한다는 인식도 없었습니다. 많은 사람이 성범죄를 사랑으로 둔갑시켰고, 여성들은 자신의 성적 결정권을 정확히 인지하지 못했습니다. 그 시대에는 남성이 여성에게 호감을 구하는 표현으로 폭력을 쓰기도 했던 겁니다. 수십 년 전으로 거슬러 올라가면 '보쌈하다'라는 표현도 있었습니다. 여성의 의사도 묻지 않고 밤에 여성을 천으로 감싸 납치한다는 것인데, 이를 '보쌈'이라는 단어로 희화적으로 표현한 것이죠. 엄연한 납치이고 인권 유린입니다.

　한때 청춘스타였던 최재성과 최명길이 주연한 1994년 개봉작 〈장밋빛 인생〉이라는 영화를 보면 당시의 피해자 전형을 쉽게 이해할 수 있습니다. 영화에서 깡패 출신인 동팔(최재성 분)이 마담(최명길 분)이 운영하는 만화방에 숨어듭니다. 그리고 마담에게 매력을 느낀 동팔이 사랑을 표현하지 못해 성폭행하는 것처럼 묘사되어 있습니다. 이후 두 사람은 연인관계로 발전합니다. 이 영화에서 최명길이 연기한 여성 역할은 이름도 없이 '마담'이라고 불립니다. 이런 게 90년대까지의 보편적 정서였습니다. '사랑해서 성폭행한다'는 것이 납득되었던 것이죠. 문화예술 분야에서 남성들의 폭력적 행동이 당연시되었던 것의 반영이라고도 봅니다.

피해자의 전형은 대중이 만들어내는 환상입니다. 사람들은 피해자가 나약하고 연약한 모습이길 바라는 것 같습니다. 그래서 결국 성폭행 가해자와도 사이좋은 관계가 되기를 바라는 것 같습니다. 왜 그럴까요? 성범죄는 일상에서 흔히 일어나는 일이라 인간이란 존재의 추악함을 너무 여실히 드러내서 그럴까요? 다 같이 성범죄를 덮어버리고 싶은 건 아닌지 모르겠습니다.

성범죄 전문 변호사로 알려지다 보니 때로 성매매 여성에 대한 성범죄 변호도 있었냐는 질문을 받습니다. 실제 제가 맡았던 사건은 없었습니다만, 성매매 여성의 경우도 성범죄에 노출될 수 있습니다. 성매매 여성이 직업적으로 성매매를 하는 경우는 '동의'가 우선일 것입니다. 그렇지만 성매매 여성도 성적 자기결정권이 있습니다. 직업상의 근무조건이 과연 성적 자기결정권을 보장한다고 볼 수 있느냐의 여부는 잠시 제쳐두더라도, 성매매 여성과 그렇지 않은 여성이 동일한 성범죄 피해를 당했을 때 성매매 여성의 직업이 성범죄 피해의 진실성 여부를 가늠하는 잣대가 될 수는 없습니다.

평소 노출이 많은 옷을 즐겨 입고 클럽도 잘 다니고 자기 생활을 즐기는 여성이 성범죄 피해자가 되었을 때 '그럴 만해서 당했다'라고 비난하는 것을 흔히 봅니다. 인터넷에서 일어나는 2차 가해 댓글들을 보면 사람들이 마음속에 갖고 있는 '피해자성'을 확인할 수 있는데요, "예쁘면 가능"이라는 글도 있습니다. 예쁜 사람은 성폭행을 당해도 된다는 말인지, 예쁜 사람이 성폭행을 유도한다는 말인지 모르겠습니다.

피해자에 대한 왜곡된 편견은 여러 가지입니다. 성폭행 사건을 간접적으로 접하는 사람들은 성폭행 사건이 어떻게 일어났는지에 대해 촉각을 곤두세웁니다. 저는 이것이 보편적인 관음증이라고 생각합니다. 피해자는 이런 일에 크게 상처받지만, 상처를 막을 방법이 과연 있는지 확신이 서지 않습니다. 다만 제가 말씀드리고 싶은 것은 피해자가 어떤 사람이었느냐는 전혀 중요하지 않다는 것입니다. 한 사람이 성범죄의 피해자가 되었고 가해자가 분명히 존재한다는 사실만이 중요합니다. 중요한 것은 가해자의 반인륜적 행위입니다.

미국에서도 피해자에 대한 편견에 대해 논란이 있었습니다. 《강간은 강간이다》라는 책에서는 11세 아동이 20대처럼 옷을 입고 다녀서 강간을 당했다는 가해자 측 주장에 배심원들이 손을 들어준 사례를 소개합니다. 세계 어디에나 여성의 순결을 강조하며 여성이 가해자를 유혹했다는 주장을 하는 사람들이 있습니다. 이 주장에는 '어떤 사유가 있다면 여성은 성범죄의 피해자가 돼도 괜찮다'는 의도가 숨어 있습니다.

그렇다면 '성폭행'이 아닌 '폭행'으로 단어를 바꿔서 생각해볼까요?

누군가가 어떤 행동이나 복장 때문에 타인에게 피해를 주지 않았는데도 타인에게 맞거나 살해당해도 되나요? 그렇지 않습니다. 모두가 인정하고 공감할 것입니다. 개인은 자기 맘대로 타인의 생명을 위협할 권리가 없습니다. 어떤 피해자도 '피해자가 될 만한 이유'를 가지고 있지 않습니다. 여러 번 강조해도 지나치지 않습니다.

조직 내 성범죄의 경우 가해자가 대부분 면식범이고, 피해자는 이 상황을 모면하기 위해 저항합니다. 하지만 가해자가 대부분 상사이거나 권력이 더 강한 사람이기 때문에 피해자는 과격하지 않게 해결하려 애씁니다. 그러나 이미 가해자는 제정신이 아닐 가능성이 큽니다. 이성을 잃고 통제가 안 되는 상황일 겁니다. 대낮에 누구나 오가는 사무실에서 성범죄를 저지르는 경우는 별로 없으니까요. 어두운 밤에 술에 취한 상태에서, 인적이 드물고, 보는 눈이 없는 곳에서 저지르는 경우가 훨씬 많습니다. 피해자가 반드시 큰소리로 외치고 가해자를 물어뜯어야만 거부 의사를 밝힌 것은 아닙니다. 공포에 질린 피해자가 작은 목소리로 "하지 마세요"라고 한마디만 했어도 그것은 분명히 거부 의사를 표시한 것입니다.

'꽃뱀' 프레임

'꽃뱀' 프레임은 성폭행 피해자가 가장 우려하는 일이자 가장 흔히 겪는 2차 가해의 형태입니다. 여론이 행하는 경우도 있지만, 제가 맡았던 조직 내 성범죄 사건의 경우는 대부분 가해자가 이런 프레임을 만들어 피해자에게 덧씌우는 경우가 많았습니다. 조직 내 성범죄 사건에서는 대부분 권력을 더 가진 사람이 권력을 덜 가진 사람을 공격합니다. 그렇기 때문에 사내에서의 발언권과 그 영향력도 가해자가 훨씬 더 강합니다.

성폭행은 은밀한 장소에서 단둘이 있을 때 일어납니다. 그렇기 때문에 개인의 진술이 강력한 증거가 됩니다. 폭행의 상흔은 크지 않습니다. 얼굴에 퍼렇게 멍이 들 정도의 상해는 잘 일어나지 않습니다. 그래서 증거 수집이 쉽지만은 않습니다. 가해자는 위기에 처하면 이런저런 말을 지어냅니다. '원래 사귀던 사이였다' '평소에 메시지를 자주 주고받았다' '썸 타던 사이였다' '그날 술자리에서 어떤 신호를 보냈다' '평소 행실에 문제가 있었다' '평소 옷차림에 문제가 있었다' 등의 말을 하면서 피해자의 책임을 거론합니다. 프레임을 씌우는 것이죠. 이제 듣는 이들의 시선은 가해자에서 피해자로 옮겨갑니다. 피해자를 샅샅이 살펴보고 뜯어봅니다.

'피해자가 어떤 빌미를 제공했을 거야'

'둘이 정말 사귀고 있었던 건지도 몰라'

이런 일은 인터넷상에서 흔히 일어납니다. 언론에 기사화되는 것들은 아주 일부의 측면을 보여줄 수밖에 없습니다. 기자들의 취재는 대부분 재판이 종료되지 않은 시점에 이루어집니다. 수사가 진행 중이거나 피해자가 이제 막 신고했을 때입니다. 사람들은 얄팍한 표면을 보고 이런저런 논쟁을 합니다. 피해자가 가해자를 오래 전부터 좋아했는데 연애가 잘 안 되니 공격한다는 이야기도 봤습니다. 현장에서 직접 피해자를 만나는 입장에서 봤을 때 이해하기 어려운 추측입니다. 타인의 삶에 대해 너무 쉽게 말하는 것은 폭력입니다.

이 '꽃뱀' 프레임이 강화될 때는 피해자가 합의금을 받았거나 보상금을 받았을 때입니다. 저는 피해자가 가해자의 형사 처분을 원치 않을 경우 합의금을 최대한 많이 받아내기 위해 노력합니다. 사실 제가 만난 피해자들은 이런 제 의견에 처음부터 동의하지 않습니다. 돈 받으려고 신고한 것이 아니라고 합니다. 합의금을 받으면 사람들이 '꽃뱀'이라고 비난할 거라고도 합니다. 그런데 성폭행 피해자는 성폭행으로 인해 지울 수 없는 상처를 받고 오랫동안 고통 받습니다. 이를 보상할 방법은 사실 없습니다. 보상할 방법이 없다고 해서 정말 피해자는 고통만 받아야 할까요? 가해자를 처벌하는 것을 마음의 위안으로 삼고 남은 삶을 알아서 극복해 나가야 할까요?

실제로 사례 1번 중견 기업 사건의 피해자는 첫 번째 고소를 취하하면서 합의금을 한 푼도 받지 않았고, 다시 여론의 주목을 받았을 때 회사 측에서 위로금 명목으로 도움을 주겠다고 했으나 그때도 한 푼도 받지 않겠다고 했습니다.

교통사고가 났을 때 우리는 당당하게 가해자에게 손해배상금을 요구하고, 또 누구도 이 사실을 부끄럽게 생각하지 않습니다. 성범죄는 영혼을 죽이는 범죄입니다. 억만금을 준다 해도, 누가 이 일을 겪겠다고 할까요? 성범죄는 평생 기억으로 남아 일생을 따라다닙니다. 피해자는 정신적 충격을 받을 뿐만 아니라 조사와 소송에 시간을 써야 하고 비용도 발생합니다. 어떤 피해자는 직장을 그만둬야 하고, 오랫동안 준비해온 진로 계획을 바꿔야 합니다. 이에 대한 대가는 피해자가 고스란히 감당해야 합니다. 피해자는 피해자일 뿐입니다. 성폭력은 엄연한 범죄입니다. 범죄의 피해자는 잘잘못의 여부와 무관하게 그냥 피해자일 뿐입니다. 피해자가 이에 대한 보상을 가해자에게 받는 것은 합당한 일입니다.

가해자에게 합의금이나 배상금을 청구하는 것은 피해자의 자연스러운 권리행사입니다. 폭력으로 한 사람을 괴롭혔고 그의 삶에 손실을 끼쳤다면 가해자는 보상할 수 있는 모든 방법으로 그 빚을 갚아야 합니다. 저는 피해자가 보상을 최대한으로 받아 상처를 잘 회복하고 남은 삶을 잘 꾸려가길 바랍니다.

합의금은 피해자가 입은 피해를 전보하는 손해배상금인데, 가해자가 저지른 범죄의 피해를 돈으로 환산하기 어렵지만, 피해자의 삶을 복원하는 데는 분명 돈이 필요합니다. 이 비용을 가해자가 지불하는 것은 타당한 일입니다. 교통사고의 경우도 손해배상청구를 할 경우 법원에서는 입원 등으로 업무를 하지 못하는 데서 온 일실수익, 치료비, 위자료 등의 항목으로 손해배상판결을 내립니다. 후유증을 남길 경우 그에 대한 배상도 해야 합니다.

성폭행 역시 피해자에게 큰 피해를 남깁니다. 경우에 따라서는 평생 지울 수 없는 트라우마를 남깁니다. 이에 대한 금전적 피해를 보상받는 것은 마땅한 일입니다.

합의금을 받아 내거나 제안할 경우 '꽃뱀' 프레임이 다시 강화됩니다. 결국, 돈 때문에 그런 것 아니겠냐고 쑥덕거리기 시작합니다. 이는 우리 사회에 뿌리 깊은 '피해자의 전형' 때문입니다. '피해자라고 보기엔 너무 잘 살고 있다' '피해자라고 보기엔 너무 의기양양하다' '피해자라고 보기엔 너무 명랑하다'고들 합니다. 피해자가 잘 지내면 피해자가 아닌 것처럼 얘기합니다.

"뭔가 있겠지."

왜 피해자는 평생 고통 속에 괴로워하는 게 당연하고 평온한 일상을 영위하는 것이 부당하다고 생각하는 걸까요? 사람들은 흔히 성범죄 피해자가 순수하고 약할 것이라 생각하는 것 같습니다. 어쩌면 그러길 바라는 것 같기도 합니다. 이런 현상들의 원인은 제가 답하기 어려운,

여러 가지 복잡한 한국 사회의 뿌리 깊은 인식 때문일 겁니다.

피해를 입은 사람이 피해를 신고하고 피해를 보상받기 위해 합의금을 요구하는 것은 당연한 권리입니다. 피해자에게 어떤 의도가 있다거나 피해자가 순수하지 못하다고 생각할 필요가 없습니다. 피해자도 다시 살아야 합니다. 혹시 피해자가 잘 지내는 것처럼 보인다면, 그건 그가 자기 삶을 복원하기 위해 최선을 다하고 있는 것입니다.

물론 성범죄로 상대방을 허위 신고하는 경우가 전혀 없는 건 아닙니다. 하지만 제가 보고 들은 바에 의하면 100~200명 중 한 명 정도입니다. 이런 경우 전화 통화만으로도 그 사람이 거짓말을 하고 있는지 아닌지 바로 알 수 있습니다. 저는 거짓말이 의심되는 경우 변호를 맡지 않습니다. 진실을 변호하기에도 시간과 능력이 모자라니까요.

간혹 성범죄 가해자를 처벌받게 하는 것보다 합의금만이 목적인 내담자도 있습니다. 보통 그러한 경우, 내담자는 합의금을 최대한 얼마나 받을 수 있냐고 묻습니다. 그리고 착수금 없이 사건을 진행하고 합의금을 많이 받아주면 높은 비율로 성공보수를 지급하겠다고 합니다.

피해자가 합의금을 바라는 것은 결코 비난받을 일은 아니지만, 오직 합의금만이 목적이라면 사건을 잘 파악해야 합니다. 고소 동기가 순수하지 않다면 허위 고소인 경우를 배제하지 못하기 때문이며, 허위 고소라고 밝혀지는 경우 변호사는 패소의 위험에 직면하기 때문입니다. 게다가 의뢰인에게 속았다는 느낌이 들면 변호사로서 부끄럽고 자괴감이 듭니다. 누구보다 사람을 잘 파악해야 하는 변호사가 의뢰인에게 속는다면 이런 느낌이 들 수밖에 없습니다. 사실 양심 있는 많은 변호사는 허위 사실의 고소는 맡지 않으려고 합니다. 도덕적으로 용납할 수 없는 일이라 생각하기 때문입니다. 뿐만 아니라 실리적으로도 허위의 고소는 맡지 않는 것이 좋습니다. 실패 확률이 높기 때문입니다. 변호사의 변론 실패는 경력에 흠이 됩니다. 변호사가 수임료 때문에 자신의 명예를 실추시키는 일은 하지 않아야겠죠.

간혹, 허위 신고를 자주 하는 상습범인 경우도 있습니다. 변호사들은 상담과정에서 이 사람이 살면서 여태 몇 번의 허위 고소를 했는지를 확인할 필요가 있습니다. 허위 신고 이력이 있다거나 과도한 고소 이력이 있는 경우 법원과 검찰에서도 고소인의 고소 동기에 의심을 갖기 때문입니다. 뭔가 다른 의도가 있다고 의심하는 거죠.

한편 제가 만난 피해자들은 손해배상금이 줄어들더라도 형사합의를 하지 않고, 상대방이 처벌받은 후에 민사소송을 제기하겠다는 강력한 의지를 가진 경우가 많습니다. 보통 가해자는 형사처벌을 피하기 위해 합의를 하므로, 피해자는 '고소 취하, 처벌 불원'을 조건으로 민사상 손해배상금보다 많은 합의금을 받을 수 있습니다. 즉 형사처벌 시까지 합의를 하지 않다가 형사 판결 이후 합의 혹은 민사상 손해배상을 청구하면, 받을 수 있는 액수가 처벌 전 합의금보다 줄어든다는 것입니다. 그럼에도 많은 피해자들은 합의를 하지 않으려 합니다. 이는

'꽃뱀' 프레임 때문에 부담을 느껴서일 수도 있지만, 보통은 상대방에 대한 강한 분노와 처벌 의지 때문입니다.

피해자가 합의하지 않으면 가해자에 대한 처벌 강도는 높아지고, 가해자는 죄에 대한 응당한 대가를 받습니다. 그 후 피해자는 민사소송을 제기하여 자신의 손해를 회복할 수 있습니다. 물론 상대방이 재산이 없고 구속될 경우 손해배상금을 받기 어려운 위험은 있지만요.

당연히 합의가 능사는 아닙니다. 재판부에서는 피해자가 가해자와 합의하면 피해자의 피해가 어느 정도 보상되었다고 보아 가해자에 대한 형량을 줄이기 때문이지요. 그래서 합의는 피해자가 진심으로 가해자를 용서할 수 있을 때 고민해봐야 할 문제입니다.

2018년 서지현 검사가 안태근 씨를 상대로 손해배상 청구를 했다는 기사를 접했습니다. 개인적으로 서지현 검사의 용기에 큰 경의를 표합니다. 서지현 검사의 손해배상 청구는 분명 의미가 있는 것이거든요. '꽃뱀' 프레임에 정면으로 반박하는 것이기 때문입니다. 서지현 검사의 경우 자신의 신분을 밝히고 피해 사실을 알리는 용기를 냈습니다. 평생 쌓아온 커리어가 모두 무너질지도 모르고 젊음을 바친 검찰 조직에서 배신자로 낙인찍혔을지도 모를 일입니다. 간혹 서지현 검사의 기사에 달린 댓글을 보면 아직도 '꽃뱀' 프레임을 씌우려는 자들이 있습니다. 서지현 검사가 무엇이 아쉬워서 인생을 걸면서 자신의 피해를 폭로했을까요? 어떠한 다른 목적도 자신의 인생을 대신할 수는 없습니다. 성범죄 피해자들의 폭로는 인생을 담보로 한 것입니다. 그들의 주장을 무작정 모두 믿을 수야 없겠지만 적어도 편견의 시선을 거두고 그들의 고통 어린 목소리에 귀 기울일 필요는 있습니다. '그들이 왜 그런 폭로를 하였는가' '그들은 어떤 고통을 받았는가' 잠시만이라도 그들의 입장에서 생각해보는 자세가 필요하다고 생각합니다.

조직 내 성범죄 가해자의 특성

'그 사람이 그럴 줄 몰랐다'는 말은 피해자들이 흔히 하는 말입니다. 일부 동의합니다. 여러분은 조직 내 성범죄 가해자들이 어떤 특성을 가졌다고 생각하시나요? 특별히 악마성을 동반한, 평소에도 사람을 많이 괴롭히는, 잔혹한 행동을 서슴지 않는, 외모도 우락부락하고 거친 행동을 자주 하는, 범죄자로 특정할 만한 사람이 많다고 생각하시나요?

통계적으로 성범죄 가해자 중 60% 이상은 일반 회사원입니다. 고졸 이상, 대졸 이상의 학력자가 다수를 차지합니다(2016년 대검찰청 범죄분석). 조직 내 성범죄는 대부분 권력형 성범죄입니다. 위에서 제가 제시한 사례들은 모두 공통점을 갖고 있습니다. 가해자가 피해자보다 조직 내에서 우위에 있습니다. 존경받을 만한 직위와 인정받을 만한 지위에 있습니다.

피해자 대부분이 '그 사람이 그럴 줄 몰랐다'고 하는 것은 가해자들이 얼마나 평범하게 사회생활을 잘해왔는지를 드러냅니다. 피해자들은 사건에 직면해서도 '이 사람이 설마 그렇게까지?'라고 의심하며 말로 잘 설득하면 자신을 이해해 줄 것이라고 생각합니다. 저 사람을 범죄자 취급해서는 안 된다는 심리도 작동합니다. 가해자는 평소에 신임을 쌓아왔습니다.

물론 아주 작은 부분에서 돌출적인 행동이 있었을 수도 있습니다. 사례 1번 중견 기업 사건의 경우는 가해자가 평소에 학벌 운운하며 피해자와 그 동기들을 무시했다고 하니까요. 그렇지만 이런 정도의 차별과 '갑질'은 직장에서 흔한 일입니다. 가해자들은 피해자 눈에 악한으로 보이지 않았을 겁니다. 그래서 "내가 너한테 뭘 한다고 그러니? 좀 쉬었다 가자니까!"라는 말을 들었을 때 피해자들은 '내가 이 사람을 의심하면 안 된다' '내가 이 사람을 범죄자 취급해서는 안 된다'고 자신을 다그치기도 합니다.

제가 만났던 가해자들은 어떤 요소든 매력적인 부분이 있었습니다. 언변이 좋거나 외모가 준수합니다. 경제력이 있거나 직위가 높습니다. 이를테면 어딘가 내세울 만한 면이 있습니다. 또한, 이들은 잘 살펴보면 상습적으로 그루밍 성범죄를 저질렀거나 다른 범죄 혐의가 있기도 했습니다. 이들이 저지르는 그루밍 성범죄는 사회초년생들을 대상으로 합니다.

　아직 많은 사람을 접해보지 못한 20대 초반의 젊은이들은 가해자의 의도를 잘 파악하지 못합니다. 가해자는 친절하게 대하다가 갑자기 괴롭히는 일 등을 반복합니다. 타깃이 된 피해자들은 '감정 기복이 심한 사람인가?' 하고 행동을 더 조심하게 됩니다. 교육사업자들이나 교수들 중에도 이런 케이스가 있습니다. 타인의 행동을 조종하는 데 능숙합니다. 시간을 두고 피해자를 완전히 길들이는 거죠. 피해자들은 자기도 모르게 가해자의 감정선에 맞추게 되고 쉽게 저항하지 못하게 됩니다. 문제는, 이런 상황을 증명하기가 어렵고 현행법상으로는 처벌도 하기 어렵다는 겁니다.

　앞에 언급하지 않았던 강제추행 케이스가 하나 있습니다. 가해자는 기업체를 운영하던 남성 경영자였습니다. 여성 비서를 채용하고는 매일같이 비서에게 비상식적인 언행을 했습니다. 서로 친해져야 한다며 신체적 접촉을 했고, 이전의 여성 비서들은 자신과 정말 가족같이 지냈다면서, 얼마나 친했는지 다른 여성 직원들이 모두 부러워했다고 했습니다. 비서에게 수시로 메시지를 보내 (상사가 보낸 내용이라 보기 힘든)애정 표현도 했습니다. 허리를 잡고 허리가 몇 인치나 되냐고 묻기도 했습니다. 성희롱이 거의 습관처럼 된 사람이었습니다. 외국 생활을 오래 해서 그렇다며 이마에 뽀뽀를 하는 어이없는 짓도 서슴지 않았습니다. 이 비서는 견디다 못해 강제추행으로 고소를 결심했습니다. 가해자와 피해자의 통화 음성파일을 들어 보니 가해자는 하급자를 희롱한 경험이 많아 보였습니다. 아니나 다를까, 이 가해자는 사건 진행 중에 다른 범죄 혐의로 구속되었습니다. 이런 경우 상습적으로 강제추행을 해오지 않았을까 의심하게 됩니다. 제가 만난 가해자들은 자의식이 상당히 강했고, 대체적으로 성에 대해 왜곡된 인식을 갖고 있다는 게 숨기려고 해도 어쩔 수 없이 드러났습니다.

현장에서 만나는 케이스 중에 상습적 성희롱과 성추행, 준강간, 강간이 제법 됩니다. 가해자들은 자신의 사회적 지위를 이용해 사회적 지위가 자기보다 낮은 사람을 길들여서 심리적으로 제압해버립니다. 이들은 피해자가 거부할 수 없는 환경을 만드는 데 능숙합니다. 사람의 마음을 다루는 기술이 있어 보이기도 합니다. 어떻게 보면 이들은 사회에서 카리스마가 넘친다는 평가를 받을 것 같기도 합니다. 범죄자는 한 번 시도해보고 별일 없이 지나가면 상습적으로 범죄행위를 계속합니다. 성폭행범을 꼭 처벌해야 하는 이유이기도 합니다.

몇 년 전 "나도 당했다"라는 '미투' 캠페인으로 우리 사회의 유명 인사들이 줄줄이 성폭행 가해자라는 게 드러났습니다. 문화계의 걸출한 인사들, 대권 주자, 검사장, 존경받던 작가들이 가해자였습니다. 권력의 중심에 있는 사람들이 왜 성폭행을 저질렀을까요? 자기 권력을 과시하기 위한 원시적인 행동이 아닐까요? 이들이 여성과 성에 대해

社 생 활 변 호 사

얼마나 형편없는 인식을 갖고 있었는지 보여주는 사건들이 이어졌습니다. 심지어 사실이 아니라고 발뺌하는 일, 권력과 재력을 총동원해 피해자를 2차 가해하는 일도 우리 모두 지켜봤습니다.

흔히들 성폭행을 성적 충동을 억제하지 못한 '개인의 실수'로 치부하지만, 성폭행은 폭행의 수많은 방법 중 '성'을 도구로 삼는 것이라고 봅니다. 상대방에게 폭력을 행사하기 위해 외형상으로 드러나지 않는 방법을 사용하는, 파렴치하고 야비한 행동일 뿐이죠.

8

No means no

．．．．．．

　현행법에서 말하는 적법한 성관계는 '양 당사자의 성적 욕구가 합치하여 서로 상대방과의 성관계를 원하여 이루어진 성관계'입니다. 이를 벗어나서, 성적 행위를 원하지 않는 대상에게 자신의 쾌락을 추구하기 위해 강제적으로 성적 행위를 한다면 그게 바로 성적 가해 행위가 됩니다.

　법률에서 말하는 '성적 욕구의 합치'는 명시적 동의를 확인하는 것입니다. A가 B와 성관계를 하고 싶다면 B에게 성관계를 하겠느냐고 직접적으로 의사를 확인하는 것입니다. 과거보다 성문화가 많이 개방되었고 서로 성적 욕구를 자유롭게 이야기하는 경우가 점점 많아지고 있다고 하지만, 아직 이 문화에 익숙하지 못한 사람들도 있습니다. 성관계를 원하는 사람이 일방적으로 성관계를 유도하는 것이 바람직하지는 않을 것입니다. 특히 상대방이 조금이라도 불편해하거나 거부하는 기색을 보인다면 자신의 우월적 지위를 다시 점검하고 상대방의 의사를 제대로 확인하는 것이 필요합니다.

　이제 막 교제를 시작한 연인이라든가 단순히 성적 호감에 이끌린 관계에서는 성적 욕구의 합치를 어떻게 확인해야 할지 모르겠다고 할 수도 있습니다. 한때 모 예능프로그램에서는 '그린 라이트' '레드 라이트' 등의 용어를 만들어 빗대어 표현하기도 했습니다. 이런 시그널에 대한 믿음은 자기 자신만의 믿음일 수도 있고 강한 열망이 만들어내는 착각일 수도 있습니다. 관계를 처음 시작할 때는 이 점을 확인하는 것이 바람직합니다. 상대방이 아니라고 할 때는 결코 미련을 갖지 말아야 합니다. 아주 상식적인 일입니다만, 자기 생각을 끝까지 밀어붙이려는 행동이 바로 범죄가 될 수 있다는 것을 기억해야 합니다.

　성관계는 동의를 구해야 합니다. 술 마시고 난 뒤 오밤중에 같이 라면을 먹는다고 해서 성관계에 동의하는 건 아닙니다.

　직장 내 성범죄는 이런 시그널을 착각해서 일어나는 경우가 많습니다. 업무적 관계에서의 존경과 호감을 애정으로 착각하고 있지는 않은지…. 인간에 대한 애정을 성애로 둔갑시키고자 하는 것은 대부분의 가해자가 많이 저지르는 일입니다.

　특히 직장은 하루 시간 대부분을 보내는 곳입니다. 가족보다 직장 동료와 더 많은 시간을 보내는 경우가 있습니다. 직장에서는 구성원들 사이에 친밀한 관계가 형성되어야 서로 마음 편히 일할 수 있습니다. 그러다 보니 직장에서 가족과 유사한 형태의 인간관계를 추구하는 사람들도 있습니다. 하지만 이런 문화에 거부감을 느끼는 사람들도 있다는 걸 잊어서는 안 됩니다. 지나치게 친밀한 관계는 오히려 관계를 망친다고 했던가요? 사람이 베푸는 친절과 배려는 사람의 진심을 반영하겠지만, 직장 내 관계에서는 지시·명령과 복종이 오가기 때문에 이 친절과 배려가 다소 과장될 수 있다는 것도 잊지 말았으면 좋겠습니다.

부하 직원이 상사에게 친절하다면 여러 가지 이유가 있을 것입니다. 서열 관계 때문일 수도 있고, 업무능력에 대한 존경 때문일 수도 있습니다. 인간성에 대한 호의일 수도 있고, 그저 인간적인 호감일 수도 있습니다. 또는 상사의 보호나 배려가 필요한 부하 직원이 특별한 인정을 원해서 그럴 수도 있고, 그 직원의 타고난 성정일 수도 있습니다.

2005년 흥행에 성공했던 〈연애의 목적〉이라는 영화를 추천합니다. 당시엔 사람들이 웃으며 재미있게 봤지만, 오늘 그 영화를 다시 본다면 매우 꺼림칙하고 찜찜한 느낌을 지울 수 없을 것입니다. 이 영화에서는 '위력에 의한 간음'을 의심할 만한 일이 자주 나오고 그에 대한 피해자의 반응도 답답하기만 합니다. 어쩌면 이 영화는 성범죄가 얼마나 우리 사회에, 우리 삶에 내재화되어 있는지 보여주는 영화일 수도 있습니다.

보수적인 사회에서는 여성이 여러 남성과 어울려 있을 경우 성행위에 동의한다고 간주하기도 합니다. 미국의 경우 대학교 신입생 환영회, 운동선수들의 승리자축 파티, 학생들 간의 자유로운 파티에서 이런 일이 많이 일어납니다. 이들은 마치 트로피를 거머쥐듯 성폭행을 하나의 과정으로 여기기도 합니다. 축하파티에 간 것만으로도 성행위에 동의하는 것이나 마찬가지라는 주장도 있습니다. 미국의 플로리다에서는 성범죄를 막기 위해 학교 복장 규정을 제정해야 한다는 하원의원도 있었습니다(《강간은 강간이다》, 조디 래피얼 지음, 최다인 옮김, 글항아리, 103쪽).

미국의 대표적인 페미니스트 잡지 〈미즈〉에서는 1988년에 지인 강간에 대한 조사와 연구를 실행했습니다(이 내용은 《이것은 썸도 데이트도 섹스도 아니다》-로빈 윌쇼 지음, 한국성폭력상담소 부설 연구소 올림 번역, 일다 펴냄-에 잘 나와 있습니다). 이 결과에서는 사회적으로 대부분의 여성이 순응적으로 행동해야 한다고 교육받고 남성들은 성관계를 주도하고 쟁취하는 식으로 교육받는 영향이 크다고 봤습니다. 따라서 성관계가 자연스럽게 상호 동의하에 이루어지는 것이 아니라 남성이 압도적으로 위력을 발휘하는 일이 있다는 것이죠. 이 연구는 1988년에 이루어졌으나 2020년이 되어도 여전히 성폭력이 일어나는 일이 씁쓸합니다.

2014년 미국 법무부 발표에 따르면 1995년부터 2013년 사이에 일어난 강간 사건 중에서 18세~24세 여성의 피해율이 가장 높았다고 합니다(《미줄라》, 존 크라카우어 지음, 전미영 옮김, 원더박스, 11쪽). 이 고위험군 여성들의 연간 성폭행 피해율은 0.7%(11만 명)였습니다. 미국에서 1년에 젊은 여성 11만 명이 성폭행을 당한 것입니다. 그런데 2014년 미국

질병예방통제센터(CDC)에서 발표한 자료에서는 모든 연령층을 통틀어 미국 여성의 19.3%가 강간을 당한 것으로 나옵니다. 이러한 수치의 차이는 피해자가 범죄신고를 했느냐, 범죄신고는 하지 않고 치료만 받았느냐에 따른 차이로 보입니다.

우리나라는 조직 내 성폭력에서 가해자와 피해자의 관계에 위계가 확실한 경우가 많습니다. 보통 가해자가 피해자보다 높은 지위에 있고 조직 내에서 더 인정받습니다. 조직 내 성폭력 중에서 이 위계가 역전되는 경우를 저는 아직 보지 못했습니다. 가까운 일본도 이런 일이 많다고 합니다. 정확한 통계자료는 찾지 못했습니다. 책《82년생 김지영》의 일본 진출 성공 이후, 중앙일보는 정현목 기자와 일본의 한국영화 전공자인 칼럼니스트 나리카와 아야의 대담을 실었습니다(〈"단추 풀고 나왔다"…성폭행 여성 절규에 침묵하는 일본〉 중앙일보 2019년 2월 15일). 나리카와 아야는 한국의 조직 내 성폭력에 대한 대처가 놀랍다면서 "성추행 가해자가 일을 그만두게 되는 현실이 놀랍다"라고 말합니다.

일본의 저널리스트인 이토 시오리는 TBS 워싱턴지국장 야마구치 노리유키에게 성폭행을 당한 후 본인의 경험담을 르포로 엮어 출간했습니다(이 르포는《블랙박스》라는 제목으로 번역·출간되었습니다).

이토 시오리는 2015년 성폭행 피해 직후 경찰에 신고했습니다. 일본 경찰은 가해자에 대해 체포영장을 발부했다가 갑자기 영장 집행을 정지했습니다. 형사소송이 진행되지 않자, 이에 이토 시오리는 결

社생활변호사

국 민사소송을 제기했습니다. 그리고 성폭행 피해를 세상에 공개한 지 4년 8개월 만인 2019년 12월 19일 재판에서 승소합니다.

이토 시오리는 2014년 일본의 내각부 조사에 의하면 전혀 모르는 사람에게 성폭행을 당하는 경우는 전체 응답자의 11.1%에 불과하다고 합니다. 2018년에는 서지현 검사가 이토 시오리를 만나 성폭력 문제에 대한 이야기를 나누며 연대하기도 했습니다. BBC 기사에 따르면 일본은 성폭행 피해자의 4%만 신고한다고 합니다(〈이토 시오리: 일본 '미투 운동의 상징'의 승소가 한국 사회에 시사하는 점〉 BBC코리아 2019년 12월 19일). 일본은 2017년에 이르러서야 강간죄를 '강제성교죄'로 이름을 바꾸고 법정 최저형량을 높였습니다. 일본의 '강제성교죄'의 높아진 법정 최저형량은 5년입니다. 게다가 이 형량의 조건은 피해자가 '항거불능인 상태', '폭행이나 협박에 의해 저항이 불가능한 상태'였다는 것을 입증해야 합니다. 2017년 이전엔 최저형량이 3년이었다고 합니다. 하지만 2019년에도 성폭력 무죄판결이 잇따라 일본 시민들의 저항이 거세지고 있다고 합니다.

9

사법체계 내에서의 법적 결론

．．．．．．

지금까지 직장 내 성범죄가 발생했을 때 진행되는 과정을 순차적으로 훑어봤습니다. 가해자를 처벌하기 위해 숨 가쁘게 달려온 것입니다. 이제 판결에서 결론이 어떻게 나는지, 판결에 결정적으로 영향을 끼치는 것들은 무엇인지 점검하겠습니다.

심신상실과 항거불능에 관하여

강간은 성적 자기결정권을 침해하는 범죄입니다. 조직 내 성범죄의 경우 준강간이 가장 많다고 볼 수 있습니다. 심신상실과 항거불능의 경우에는 피해자가 장애인인 경우, 피해자가 술에 취해 의식을 거의 잃은 경우 외에 피해자가 몸이 아파 약을 먹고 자는 경우도 있고 피해자가 수면 마취 중인 경우도 있겠죠.

사례 2번 대형은행 노조 간부 사건에서는 피해자가 의식이 불분명해서 사람을 제대로 알아보지 못한 정도였는데도 짧은 대답을 할 수 있었다는 이유로 준강간이 성립하지 않는다는 논리가 계속 적용됐습니다. 이해하기 어려운 일입니다. 요컨대 성관계를 원치 않는 상대였지만 사람을 착각해 성관계에 동의했다면 준강간이 아니라는 말인데요. 이런 결론은 대체 '무엇'을 보호하기 위해서인지 알 수 없습니다.

앞에 언급한 2000년 대법원 판례 외에 다른 대법원 판례(대법원 2000.5.26. 선고 98도3257 판결 [준강간·준강제추행])의 경우, 심신상실이 아닌 항거불능의 상태는 "심신상실 이외의 원인 때문에 심리적 또는 물리적으로 반항이 절대적으로 불가능하거나 현저히 곤란한 경우"를 의미한다고 말한 적도 있습니다. 무척 까다로운 조건입니다. 어떤 판결에서는 성폭행을 당한 피해자가 사건 직후 남자친구에게 메신저로 빨리 와달라는 메시지를 보냈는데, 술에 취해 모두 오타가 났음에도 불구하고 문자메시지를 보낼 수 있을 정도의 의식이므로 항거불능이라보기 어렵다고 판단하기도 했습니다.

심신상실에 의한 항거불능은 대부분의 준강간 사건에서 비일비재하게 언급됩니다. 준강간의 요건이기 때문이지요. 그중에서도 가장 많은 게 '술에 취한 것'입니다. 술에 취한 여성을 강간한 사건이 아닌 것을 추려내는 게 더 빠를지도 모르겠습니다.

앞서 기술했지만, 한국의 술 문화에 기인한 가해자들의 사고의 전개는 대부분 비슷한 것 같습니다.

같이 술자리에 간다. - 나에게 마음이 있다.

같이 술을 마신다. - 나를 좋아한다.

술을 많이 마신다. - 나에게 마음을 열었다.

술에 취했다. - 나를 많이 좋아한다는 표시이다.

나에게 성관계를 하자고 비언어적 표현을 하고 있다.

저 여자와 성관계를 해도 된다.

밀폐된 장소에 있는 것도 마찬가지입니다.

같이 한 장소에 있다. - 나를 불편해하지 않는다.

같이 한 장소에 있는데 문을 닫으면 밀폐된다. - 나를 좋아한다.

같이 한방에 있다. - 나와 성관계할 의사가 있다.

이쯤 되면 누가 더 술에 취했고 누가 더 심신상실(?)인 건지 의심해 봐야 합니다. 술에 취한 피해자가 문제가 아니라 술에 취한 가해자가 문제입니다. 술은 그저 술입니다. 술 마시면 취하는 게 당연합니다. 술은 취할 것을 알고 마시는 겁니다. 사람에 따라 주량의 차이는 있습니다만, 취하지 않는다면 술이 아니겠죠.

조직 내 성범죄에서 가장 빈번하게 사건이 발생하는 곳은 술자리와 회식 자리입니다. 모두 같이 모여 술을 마셨는데 한 사람은 폭력을 가하고 다른 사람은 그 폭력의 희생자가 된다면 누구의 잘못인 걸까요? 사회적 통념을 떠나 잘 생각해보면 너무나 간단한 일입니다.

하지만 법정에서는 이런 상식이 잘 통하지 않습니다. 상식이라는 것은 보편적인 판단인데, 재판부는 '강력한 저항'을 상식으로 봅니다.

대부분의 피해자는 강하게 저항합니다. 최선을 다합니다. 그런데 그 최선의 정도는 사람마다 다릅니다. 피해자들은 대부분 어떻게 대처해야 할지 몰라서 당했다고 답변합니다. 그런데 '어떻게 대처해야 할지 몰랐다'는 말을 재판부가 피해자의 눈높이에서 보지 못하는 경우가 많습니다. 사회적 계층의 한계에 그 원인이 있다고 생각합니다. 저도 오랫동안 왜 피해자가 더 강하게 저항하지 못했는지 궁금했지만, 다수의 사건을 접하며 그 결론을 얻게 되었습니다.

사법부는 사회의 엘리트층이 있는 곳입니다. 한마디로, 공부 잘한 사람들입니다. 우리 사회에서 공부를 잘한다는 것은 큰 무기가 됩니다. 학교에서 성적이 상위권에 드는 학생들은 교사나 친구들도 함부로 대하지 않습니다. 이들은 타인에 비해 우월한 위치를 선점합니다. 대접을 받는 것에 매우 익숙합니다. 상위 0.1%의 문화와 행동양식에 익숙합니다. 늘 법전을 들여다보며 공부해야 하는 직업적 특성상 대부분의 '이해'를 책과 문자로 하기 마련입니다. 그렇다 보니 사회적 약자들의 '학습된 무기력' 같은 것을 잘 이해하지 못합니다. 하지만 사회적 지위를 인정받는 사람들이 이해할 수 없는, 사회의 어두운 이면은 늘 존재합니다. 만약 누군가가 사회적 지위가 높은 이들에게 폭력적인 행동으로 일상을 방해하려 든다면, 이들은 강하게 저항할 가능성이 높습니다. '나는 틀리지 않았고, 나는 잘하고 있다'는 생각이 강해야 저항의 강도도 세집니다.

반면에 피해자들의 양상은 다양합니다. 성장과정과 자신감의 정도도 다릅니다. 자신감이 낮아서 저항을 제대로 못하는 경우도 있겠지만, 그것이 다는 아닙니다. 갑자기 이런 황당한 상황에 놓이게 되면 어떻게 해야 할지 모르는 게 당연할 겁니다. 모두 각자의 이유가 있습니다. 법을 공부한 사람들은 폭력상황에서 피해자가 어떻게 대처하는 게 옳은지 비법조인보다 훨씬 더 많이 압니다. "왜 그 자리에서 싫다고 말하지 않았죠?" 그건 권력을 가졌을 때 쉽게 나오는 말입니다.

권력지수 100인 사람과 권력지수 50인 사람 간에 싸움이 났을 때 50인 사람이 "당신의 그 행동이 정말 꼴사납다!"라고 선포하는 건 100인 사람을 다시 안 볼 각오를 하고 하는 겁니다. "왜 상대방을 밀치지 않았죠? 때려서라도 저항했어야죠! 물어뜯기라도 했어야죠!" 이 역시 권력을 가졌을 때 할 수 있는 방법입니다. 혹은 예외적으로 자기 대처 능력이 뛰어나거나요.

성범죄는 내가 주도하지 않은 상황입니다. 예상치 못한, 의외의 상황입니다. 또한, 일어나지 않아야 할 일입니다. 그런 일에 조목조목 현명하게 계획을 세워 저항하는 건, 저는 불가능하다고 봅니다. 사회적 지위가 높은 사람은 '사회적 약자'의 저항의 정도에 관해 완벽하게 이해하지 못합니다. 각자의 삶이 다르고 각자의 얼굴이 다르듯이 '저항의 얼굴'도 모두 다릅니다. 사건의 피해자들을 만나면서 저도 뒤늦게 깨달은 사실입니다.

항거불능이라는 조항을 매우 엄격히 판단하는 것과 '저항이 더 격렬했어야 한다'는 전제는 '모든 인간은 저항이 가능하다'는 것과 같은 말입니다. 그렇지만 모든 사람이 다 손쉽게 저항할 수 없다는 것은 다들 알고 있을 겁니다. 언론에 보도되는 가정폭력이나 조직 내 여타 폭력 사건들만 봐도 저항이 불가능한 케이스는 헤아릴 수 없이 많습니다. 이성 간이 아니라 동성(남성과 남성) 간에도 한 쪽이 꼼짝없이 당하는 경우가 수두룩합니다. 작은 조직 내에서 벌어지는 범죄들은 저항이 불가능하거나, 가능하더라도 아주 미약한 수준입니다. 피해자의 학습된 무기력도 크죠.

법정에서 처벌의 기준이 되는 '피해자의 항거불능'은 본인이 증명해야 합니다. 또는 본인의 항거불능 상태를 증명할 수 있는 간접적 증거들을 제시해야 합니다. 위의 사례들에서 보았듯이 항거불능의 증거가 되는 것은 곳곳에 설치된 CCTV 영상, 주변인의 증언 또는 개인 휴대폰 기록입니다. 술에 취해 누군가에게 메시지를 보내며 오타를 냈더라도 이게 법정에서는 '메시지를 보낼 정도면 취하지 않았던 것'이라고 해석될 수 있습니다. CCTV 영상에서는 '제 발로 걷지 못할 정도'여야 항거불능으로 해석합니다. 그런데 술에 취해 기억이 다 끊길 정도여도 희한하게 제 발로 걸어서 집에 잘 찾아가는 사람도 많지 않나요? '제 발로 걷지 못할 정도'라는 것이 사람마다 차이가 있으니 이 역시 선불리 판단해서는 안 될 일입니다. 가해자들은 인터넷 커뮤니티를 통해 준강간의 경우 CCTV 영상을 먼저 확보해 속도를 조절하여 빠른 걸음으로 만들어 제출하라는 조언을 하기도 합니다. 개인 휴대폰 기록은 가해자가 직접 제출할 경우 증거 조작의 가능성도 있습니다. 가해자가 당시의 상황을 몰래 녹취하는 경우는 어떻게 해석해야 할지 사안에 따라 다를 것입니다.

CCTV 영상은 가장 확실한 증거자료지만, 위에서 언급했듯이 수사기관에서 부지런히 확보하지 않으면 다 놓치는 경우가 있습니다. 한국은 정말 CCTV가 많죠. 해외에서는 CCTV가 개인의 인권을 침해한다는 반발도 있지만, 우리나라는 CCTV 영상에 성범죄의 성립 여부 판단을 의존하는 경향이 높습니다. CCTV가 확보된다면 진실 여부를 가려낼 확률이 높습니다만, 어떤 사안에도 100%라고 자신할 수는 없습니다.

쉬쉬했던 성폭행 사건들이 수면 위로 떠오르면서 성폭행과 그 판결에 대한 담론들도 고개를 들고 있습니다. '블랙아웃'은 그야말로 술에 취해 필름이 끊긴 것을 말합니다. 피해자 측에서는 블랙아웃이라 완전히 필름이 끊겨 기억이 없으므로 항거불능의 상태라 주장하지만, 가해자 측에서 피해자가 성관계에 동의했음에도 블랙아웃으로 인해 그 동의에 대한 기억이 왜곡되었다고 주장하는 경우도 있습니다. 블랙아웃을 언급한 판결도 있습니다. 한국성폭력상담소와 서울시에서 개최한 토론회에서 언급된 블랙아웃은 "의식을 가지고 자기의 환경에 비교적 정상적으로 반응하는 것"이었습니다. 많은 성폭력 피해자들이 이런 블랙아웃 상태에서 준강간 피해를 입습니다. 의식이 있는 것처럼 행동한다고 해서 무조건 성적 자기결정권을 행사할 수 있는 심신 상태인 것은 아닙니다. 그럼에도 불구하고 피해자가 블랙아웃인 상황에서 일어난 범죄는 현행법상 범죄로 처벌되지 않는 경우가 많습니다. 피해자가 가해자에게 여지를 준 것으로 해석되는 경우가 많기 때문입니다.

성범죄 처벌 규정의 해석

성범죄는 기본적으로 형법에 의해 규정됩니다. 강간과 추행의 죄는 형법 제32장에 명시되어 있습니다.

제297조에 명시된 "폭행 또는 협박으로 사람을 강간한 자는 3년 이상의 유기징역에 처한다"라는 것은 해당 범죄의 죄질이 매우 나쁘다는 걸 말합니다. 우리나라 형법체계상 형량이 너무 적다는 비난이 있긴 합니다. 이 형량이 높은 편이라는 걸 살펴보려면 법에서 명시하는 '몇 년 이상'과 '몇 년 이하'라고 하는 '이상'과 '이하'의 차이를 잘 살펴봐야 하는데요. 절도죄는 6년 이하, 사기는 10년 이하의 징역에 처해집니다. 이 조항에서 6과 10이라는 숫자에 집중할 것이 아니라 '이하'에 방점을 찍어야 합니다. 아무리 비싼 물건을 훔쳐도 6년 이상, 아무리 거액의 사기를 쳐도 10년 이상의 처벌을 할 수 없다는 얘기입니다. 물론, 「특정경제범죄의 가중처벌 등에 관한 법률」 및 「형사법」의 가중처벌규정, 감경규정 등은 논외로 하고, 형법상 규정된 형량 체계에서의 이야기입니다.

다시 말해, 폭행 또는 협박으로 사람을 강간한 자는 3년 이상의 유기징역에 처한다는 말은 최소한 3년이라는 말입니다. 아무리 잘 봐줘도 3년이라는 것입니다. 법정형에서 최고는 30년형입니다. 이 법조항에는 형벌의 '몇 년 이하'라는 조항이 없습니다. 따라서 법정 최고형인 30년까지도 가능하다는 말입니다. 또한, 유사강간의 경우는 2년 이상으로 되어 있습니다. 이 역시 동일하게 해석하면 됩니다. 최소 2년의 형을 받을 수 있고 최고 얼마까지라는 조항이 없습니다. 감경은 논외로 합니다.

강제추행의 범위는 신체의 모든 부분입니다. 폭행 행위가 따로 없는 경우는 추행 행위 자체를 폭행으로 봅니다. 이 조항은 10년 이하의 징역이라고 못 박고 있습니다. 아무리 심하게 추행해도 10년 이상 처벌할 수 없다는 것입니다. 형법 조항에서 눈여겨봐야 할 것은 앞의 숫자보다 '이상'인가, '이하'인가입니다.

강제로 키스하거나 가슴을 만지는 것은 강제추행에 들어갑니다. 강제추행의 경우 사실 형량이 높게 나오지 않습니다. 이런 경우 피해자의 변호인이 선임되면 정황과 진술, 증거를 꼼꼼히 검토하여 좀 더 높은 형량을 받을 수 있겠는지 잘 살펴서 검찰이 제대로 기소할 수 있도록 도울 수 있습니다.

강간과 준강간은 폭행, 협박 등의 행위 여부와 심신상실 여부 등으로 구분됩니다. 직장 내 성범죄에 준강간이 많은 것은 회식과 술 때문입니다. 강간은 폭행이나 협박으로 간음하는 것이고 준강간은 심신상실·항거불능 상태의 상대를 간음하는 것입니다. 이 두 범죄는 중간에 모호한 지점이 발생하는 경우도 많아, 제 경우는 되도록 폭행·협박 여부를 확인하여 강간으로 기소되도록 애씁니다.

모호한 지점이란 이런 것입니다. 예를 들어 회식이나 술자리가 있었다고 할 때, 가해자가 피해자의 입을 벌려 술을 들이부어서 마시게 했다면 폭행입니다. 신나는 분위기를 연출해 건배를 연발하면서 자연스럽게 술을 권해 심신상실에 이르게 했다면 준강간입니다. 만약 왜

술을 마시지 않느냐고 소리치거나 욕을 하거나 공포 분위기를 조성했다면 이걸 협박으로 볼 수 있을까요? 충분한 증거자료가 갖춰진다면 협박에 의한 강간이 될 수 있습니다. "밤길 조심해. 내가 너 가만 안 둘 거야"라는 말도 경우에 따라서는 강간의 수단이 되는 협박으로 인정될 수 있습니다. 사장이 직원에게 자꾸 술을 따라줘서 술에 취해 심신상실·항거불능 상태가 되었을 때 강간을 했다면 이것은 위력에 의한 간음이라 볼 수도 있겠지만, 그렇게 되면 형량이 너무 낮아집니다. 그러면 이런 경우는 준강간으로 기소하는 게 옳다고 봅니다.

2015년 서울동부지방법원은 23세 조교를 강제추행한 교수에게 1년의 징역형을 내렸습니다. 피해자가 같은 연구실에서 근무하는 조교이고 가해자가 교수이기 때문에 누가 봐도 업무상의 상하관계가 성립합니다. 그러나 가해자는 강제로 키스하거나 신체를 만진 행위가 강제추행의 폭행으로 인정되어 10년 이하 징역에 처해질 수 있는 강제추행 징역형을 받게 되었습니다. 업무상 위력에 의한 추행보다 형벌이 더 높게 나온 겁니다.

비교를 위해 업무상 위력에 의한 추행 사례를 살펴보겠습니다. 2015년 부산지방법원의 판례가 있습니다. 직업중개소 대표인 가해자는 휴대폰 부품 제조업체 직원 채용 광고를 인터넷에 게재했습니다. 가해자는 이를 보고 찾아온 스물한 살 지원자에게 신체수색을 해야 한다는 거짓말을 하며 몸을 여러 차례 만지는 등의 추행을 저질렀습니다. 법원은 업무, 고용 기타 관계로 인하여 자신의 감독을 받는 사람에 대하여 위계로 추행했다고 판단해 징역 6월에 집행유예 2년을 선고했습니다. 검찰이 이에 항소하여 두 번째 판결을 받게 되었는데요. 항소심 재판부는 원심을 파기했습니다. 원심 판결의 집행유예 2년과 40시간 성폭력치료 강의 수강명령 및 80시간 사회봉사명령이 너무 가벼워서 부당하다면서 징역 6월을 선고했습니다. 그나마 가해자가 동종 전과가 없고 직업소개소를 아예 폐업한 것이 '반성'하는 것으로 판단하는 계기가 되어 비교적 가벼운 처벌을 받았습니다.

2008년 광주지방법원에서 위력에 의한 범죄로 민사상 손해배상을 인정한 케이스도 있습니다. 이는 특히 죄질이 나쁜 조직 내 성범죄입니다. 아동복지시설 원장인 가해자는 사회복지사의 꿈을 갖고 있는 스물한 살 직원에게 수차례에 걸쳐 위력에 위한 추행과 간음을 저질렀습니다. 사회 초년생인 피해자는 누구에게 말도 못 하고 혼자 끙끙 앓다가 경찰에 신고했습니다. 그런데 경찰 조사가 시작되자 가해자는 피해자의 직장동료들을 협박하여 가해자에게 유리한 진술을 하게 만듭니다. 피해자에게 불리한 증언으로 인해 광주지방법원 순천지청 소속 담당 검사는 해당 원장에게 무혐의(증거불충분) 처분을 내렸고, 피해자는 이에 다시 항고·재항고를 하였으나 모두 기각되었습니다.

피해자는 이 사건을 그대로 묻지 않고 손해배상을 청구했습니다. 재판부는 피해자가 겪은 고통을 감안하여 피해자가 사건 피해를 입지 않았을 때 벌어들일 수 있는 수입과 위자료를 산정해 1억 원 이상의 손해배상을 인정했습니다. 하지만 피해자가 애초에 그보다 적은 금액을 청구했기에 재판부는 총 6천5백만 원가량의 손해배상 판결을 내렸습니다. 이 판결에서 주목할 부분은 업무상 위력에 의한 추행을 명확히 한 것입니다. 이 판결문에는 "형법 제303조 제1항 및 성폭법(업무상 위력등에 의한 추행) 제11조 제1항에서 정한 위력이라 함은 피해자의 자유의사를 제압하기에 충분한 세력을 말하고, 유형적이든 무형적이든 묻지 않으므로 폭행·협박뿐만 아니라 사회적·경제적·정치적인 지위나 권세를 이용하는 것도 가능하며, '위력으로써' 간음 또는 추행한 것인지 여부는 행사한 유형력의 내용과 정도 내지 이용한 행위자의 지위나 권세의 종류, 피해자의 연령, 행위자와 피해자의 이전부터의 관계, 그 행위에 이르게 된 경위, 구체적인 행위의 태양, 범행 당시의 제반 사정을 종합적으로 고려하여 판단하여야 할 것이다(대법원 1998.1.23. 선고 97도2506 판결, 대법원 2005.7.29. 선고 2004도5868 판결 등 참조)"라고 명시되어 있습니다.

가해자에게 피해자의 자유의사를 제압하기에 충분한 세력, 즉 권력이 있다고 본 것입니다. 또한, 유형이든 무형이든 상관없이 사회적·경제적·정치적 지위와 권세를 모두 위력으로 판단한다고 분명히 밝히고 있습니다.

위력으로 인한 간음 등이 예전에는 쉽게 적용되지 못했지만, 피해

社 생 활 변 호 사

자의 인권을 중요시하는 판결이 점점 많아지고 있습니다.

2012년 울산지방법원에서 가해자에게 손해배상 판결을 내린 사례도 직장 상사가 신입사원을 지속적으로 성폭행한 경우입니다. 가해자는 E일보에서 취재와 편집을 총괄한 국장입니다. 가해자는 수습기자로 갓 입사한 피해자가 다른 상사로부터 업무상 사유로 질책을 받자 이를 위로한다며 따로 불러내 술을 마시게 했습니다. 그리고 가해자는 만취한 피해자를 강간했습니다. 2009년의 일입니다. 이후 가해자는 피해자를 수시로 불러내 성폭행했고, 이 사실이 회사에 알려지자 피해자는 직장을 그만두었습니다.

재판부는 이 판결에서 "원고 A이 다음날 사표를 내려 하였으나 피고는 이를 반려한 채 사회초년생으로서 어렵게 취직한 일자리를 쉽게 포기할 수 없는 원고 A의 처지를 이용하거나 또는 두 사람 간의 관계를 타인에게 알리겠다고 협박하는 방법으로 원고 A에게 지속적으로 성관계를 요구하였고"라고 명시했습니다.

또한, 판결문에 "원고 A은 피고의 출입을 제한하기 위하여 고시원에 거주하였으나 피고는 그 곳에도 찾아와 성관계를 요구하였고, H 일산점에 취직한 원고 A의 근무지에도 불쑥 불쑥 찾아와 집요하게 성관계를 요구하고 이를 거절하면 원고 A의 근무지에 '성폭행당한 사원이 하나 있으니 확인해 달라'는 등의 전화를 하는 등으로 협박하였다. 원고 A은 위와 같은 피고의 협박에 못 이겨 1주일에 1회 정도 모텔이나 호텔에 따라가 성관계를 갖기도 하였다"라는 내용이 있습니다. 법원은 원고가 피고의 협박에 못 이겨 숙박업소에 따라가 성관계를 가졌다는 것을 인정했습니다. 즉 가해자가 위협과 사회적 지위를 이용해 성폭행을 지속적으로 가했다는 범죄사실을 인정한 것입니다.

이 사건의 피해자는 가해자로 인해 두 번이나 직장을 그만두어야 했습니다. 가해자는 2009년부터 2011년까지 지속적으로 피해자를 괴롭혔고, 피해자의 부모는 이 사건의 대처 방안을 놓고 사이가 멀어져 이혼하게 되었습니다. 재판부는 이 모든 사실을 인정하여 가해자에게 손해배상을 하라고 판결했습니다. 피해 당사자에게는 4천만 원, 피해자의 가족에게는 각각 1천만 원과 7백만 원을 배상하고, 소송비용의 3분의 1도 부담하라고 명령했습니다.

이 판결은 4가지 범죄사실을 인정했습니다. 첫 번째는 강간미수이고, 두 번째는 강간입니다. 세 번째, 피해사실을 신고한 피해자에게 가해자가 "합의를 해주지 않으면 지금 직장을 다닐 수 없다. 너의 회사에 모든 사실을 알려버리겠다"라고 말한 것을 협박으로 인정했습니다. 네 번째, 가해자가 피해자의 회사 상사에게 이메일로 가해자와 피해자의 관계를 알린 것이 '정보통신망이용촉진 및 정보보호등에 관한 법률 위반(명예훼손)'이라고 했습니다.

위에 기술한 몇 가지 사례는 직장 내에서 일어난 성범죄인데, 대부분 죄질이 아주 나쁜 케이스입니다. 요컨대 누가 봐도 회사 내에서 명

　　　　　　　　社 생 활 변 호 사

백하게 지위 차이가 있는 경우, 폭력·위협·협박 등이 동반된 경우, 피해자가 20대 초반이거나 신입사원인 경우, 가해자가 오랫동안 집요하게 피해자를 괴롭힌 경우 등이고, 이로 인해 피해자가 입었을 고통이 상당했을 것입니다. 하지만 아직도 어떤 판결에서는 가해자가 위력을 행사해서 간음한 것을 피해자가 성관계에 동의한 것으로 보기도 합니다. '위력'이란 상대적인 것이라 정확한 기준을 동일하게 들이댈 수는 없지만, 피해자가 성을 내어줄 정도면 어느 정도 위력에 의해 지배를 받았다고 볼 수 있죠. 저는 장기간 위력에 의해 지배받아 성적 자기결정권을 포기할 정도라면 위력에 의한 간음이 성립한다고 봅니다만, 어떤 경우는 그렇게 판결이 나지 않고 피해자가 성관계에 동의한 것으로 보기도 합니다.

위력에 의한 간음으로 죄목이 딱 정해지는 경우는 피해자가 장애인이거나 미성년자인 경우가 대부분입니다. 검사는 이러이러한 죄목으로 기소하겠다고 정해야 하므로 가해자를 처벌할 수 있는 항목을 찾게 됩니다. 앞에서 2015년 서울동부지방법원의 판결 사례(교수가 조교를 강제추행한 경우)에서 말했듯이, 검사는 형량이 더 높은(처벌수위가 더 높은) 항목으로 가해자를 기소하게 됩니다. 가해자를 법정에 세울 때는 범죄사실이 축소되지 않도록 적절한 형량을 받을 수 있는 죄목을 찾아서 기소하게 됩니다. 사실 업무상 위력 등에 의한 추행이나 간음은 입증이 어려워 누적된 판례가 많지는 않습니다. 특정 종교에서 종교지도

자가 여러 명의 피해자를 강간·추행한 것을 준강제추행으로 기소했는데, 재판부에서 이를 '업무상 위력에 의한 추행이나 간음'으로 변경하라고 요구한 사례가 있기도 했습니다(대법원 2009.4.23. 선고 2009도2001 판결). 검사는 폭행·협박에 의한 범죄라고 보았지만 재판부는 생각이 달랐는지 업무상 위력의 행사에 초점을 맞춘 것으로 보입니다. 종교지도자와 신도 사이에 업무상 위력의 행사가 가능하다는 것이 인정된 점은 다행입니다.

정부와 사법부는 점차 조직 내 성범죄에 강경하게 대처하겠다는 의지를 보이고 있습니다. 2018년 대통령은 '직장 내 성희롱·성폭력 근절'을 이야기했습니다. 서지현 검사의 폭로와 이어진 '미투' 운동으로 사회 분위기가 달라지고 있습니다. 수많은 피해자들이 앞장서서 세상을 바꿔나간다는 것이 서글픈 일이지만, 앞으로 더 나은 세상이 오면 좋겠습니다.

형법 제32장 강간과 추행의 죄

제297조(강간) 폭행 또는 협박으로 사람을 강간한 자는 3년 이상의 유기징역에 처한다. <개정 2012.12.18.>

제297조의2(유사강간) 폭행 또는 협박으로 사람에 대하여 구강, 항문 등 신체(성기는 제외한다)의 내부에 성기를 넣거나 성기, 항문에 손가락 등 신체(성기는 제외한다)의 일부 또는 도구를 넣는 행위를 한 사람은 2년 이상의 유기징역에 처한다. [본조신설 2012.12.18.]

제298조(강제추행) 폭행 또는 협박으로 사람에 대하여 추행을 한 자는 10년 이하의 징역 또는 1천500만 원 이하의 벌금에 처한다. <개정 1995.12.29.>

제299조(준강간, 준강제추행) 사람의 심신상실 또는 항거불능의 상태를 이용하여 간음 또는 추행을 한 자는 제297조, 제297조의2 및 제298조의 예에 의한다. <개정 2012.12.18.>

제300조(미수범) 제297조, 제297조의2, 제298조 및 제299조의 미수범은 처벌한다. <개정 2012.12.18.>

제301조(강간 등 상해·치상) 제297조, 제297조의2 및 제298조부터 제300조까지의 죄를 범한 자가 사람을 상해하거나 상해에 이르게 한 때

에는 무기 또는 5년 이상의 징역에 처한다. <개정 2012.12.18.> [전문개정 1995.12.29.]

제301조의2(강간 등 살인·치사) 제297조, 제297조의2 및 제298조부터 제300조까지의 죄를 범한 자가 사람을 살해한 때에는 사형 또는 무기징역에 처한다. 사망에 이르게 한 때에는 무기 또는 10년 이상의 징역에 처한다. <개정 2012.12.18.> [본조신설 1995.12.29.]

제302조(미성년자 등에 대한 간음) 미성년자 또는 심신미약자에 대하여 위계 또는 위력으로써 간음 또는 추행을 한 자는 5년 이하의 징역에 처한다.

제303조(업무상위력 등에 의한 간음) ①업무, 고용 기타 관계로 인하여 자기의 보호 또는 감독을 받는 사람에 대하여 위계 또는 위력으로써 간음한 자는 7년 이하의 징역 또는 3천만 원 이하의 벌금에 처한다. <개정 1995.12.29., 2012.12.18., 2018.10.16.>
②법률에 의하여 구금된 사람을 감호하는 자가 그 사람을 간음한 때에는 10년 이하의 징역에 처한다. <개정 2012.12.18., 2018.10.16.>

제304조 삭제 <2012.12.18.> *기존 혼인빙자간음죄
"혼인을 빙자하여 음행의 상습 없는 부녀를 기망하여 간음한 자" 부분이 헌법 제37조 제2항의 과잉금지원칙을 위반하여 남성의 성적자기결정권 및 사생활의 비밀과 자유를 침해하는지 여부를 판단하여 2008년 위헌 결정으로 삭제함. [2012.12.18. 법률 제11574호에 의하여 2009.11.26. 위헌 결정

된 이 조를 삭제함.]

제305조(미성년자에 대한 간음, 추행) ①13세 미만의 사람에 대하여 간음 또는 추행을 한 자는 제297조, 제297조의2, 제298조, 제301조 또는 제301조의2의 예에 의한다. <개정 1995.12.29., 2012.12.18., 2020.5.19.>
②13세 이상 16세 미만의 사람에 대하여 간음 또는 추행을 한 19세 이상의 자는 제297조, 제297조의2, 제298조, 제301조 또는 제301조의2의 예에 의한다. <신설 2020.5.19.>

제305조의2(상습범) 상습으로 제297조, 제297조의2, 제298조부터 제300조까지, 제302조, 제303조 또는 제305조의 죄를 범한 자는 그 죄에 정한 형의 2분의 1까지 가중한다. <개정 2012.12.18.> [본조신설 2010.4.15.]

제305조의3(예비, 음모) 제297조, 제297조의2, 제299조(준강간죄에 한정한다), 제301조(강간 등 상해죄에 한정한다) 및 제305조의 죄를 범할 목적으로 예비 또는 음모한 사람은 3년 이하의 징역에 처한다. [본조신설 2020.5.19.]

제306조 삭제 <2012.12.18.>
기존 친고죄, 성폭력 등의 범죄를 피해자가 친히 고소해야 기소가 가능하다고 명시한 것이 위헌 결정되어 삭제함.

재판의 판결문을 잘 살펴보면 재판부가 무엇을 중요하게 보고 어떤 근거로 판결을 내리는지 확인할 수 있습니다.

앞에서 언급한 '피해자성'이라는 것은 일반 시민들, 비법조인들이 생각하는 '피해자의 전형적 특성'이지만 재판부에서 판단할 때 중요시하는 피해자성은 조금 다릅니다. 요컨대, 성범죄 피해자의 행위 특성 중 어떤 부분에서 피해자를 신뢰할 수 있는가에 관한 기준은 아래와 같습니다.

1. 즉시 신고했는가?
2. 즉시 신고하지 않았다면 신고를 얼마나 빨리 했는가?
3. 사건의 충격으로 일상생활이 불가능할 정도의 정신적 고통을 호소하는가?
4. 사건 이전에 두 사람의 관계는 어떠했는가? 사이가 좋았거나 호감이 있었다고 볼 수 있는가?
5. 강하게 거부하고 저항했는가?
6. 피해 이후 가해자를 대하는 태도가 변화했는가?

또한, 현재 성범죄 처벌의 강도는 성기와 관련된 범죄인지 여부에 따라 달라집니다. 가슴이나 얼굴이나 성기나 피해자에게는 똑같은 자기 신체의 일부이며, 누구도 이를 강제로 만질 수 없습니다. 그러나 법원은 가해자가 성기에 접촉을 했는지, 성기 삽입을 시도했는지의 여부로 범죄 처벌의 강도를 달리합니다. 물론 이는 법에 규정된 바에 따른 것이니 어쩔 수 없긴 합니다. 그러나 성기와 무관한 성범죄의 경우도 형량을 상향 조정할 필요는 있어 보입니다.

현실적으로 피해자가 위 6가지의 요건을 다 갖추는 게 쉬운 일은 아닙니다. 특히 직장 내 성범죄의 경우는 더욱 어렵습니다. 성범죄를 당한 직후 신고하는 것에 대해 피해자는 오래 갈등하기 마련이고, 사건 이전의 두 사람은 상사와 부하 직원의 구도가 대부분이기 때문에 관계가 원만한 편입니다. 이런 이유로 직장 내 성범죄는 피해자가 강하게 거부하거나 저항하기 어렵습니다. 그래서 직장 내 성범죄는 신고율 자체가 낮고 가해자를 처벌하는 일도 만만치 않습니다.

하지만 사회적 분위기가 예전에 비해 약자를 더 배려하는 쪽으로 바뀌고 있으며, 조직 내 성범죄가 만연했다는 게 많이 알려졌습니다. 또한, 법적 해석도 여론을 감안해 시대에 맞춰 조금씩 변화하고 있으므로, 설령 피해를 입더라도 절대 포기하지 않았으면 좋겠습니다.

10

그래서 이 싸움은 끝날 것인가

· · · · · ·

　적지 않은 직장 내 성범죄 사건을 다루며 많이 참담하고 안타까웠습니다. 피해자가 울고 있으면 저도 괴로울 때가 많습니다. 특히 2차 가해가 있을 때는 어처구니도 없고 화도 납니다. 대부분 젊고, 어리고, 세상 물정 잘 모르는 순진한 사회 초년생들입니다. 모든 성범죄가 마찬가지지만 특히 직장 내 성범죄는 지능적이고 간교합니다.

　구도는 대부분 비슷합니다. 이 책에는 여러 면에서 각각 차별화되는 케이스들을 소개했습니다만, 사실 거의 같은 형태라고 볼 수 있습니다. 조직이 있고, 권력을 가진 사람이 있습니다. 사냥꾼이나 다름없는 가해자 앞에 젊고 여린 피해자가 등장합니다. 가해자는 짧게는 몇 달, 길게는 몇 년에 걸쳐 피해자의 인권을 유린합니다. 도구는 다양합니다. 달콤한 말, 친절한 행동, 눈에 띄는 칭찬, 특별한 대우로 시작하여 술과 권력으로 제압합니다. 피해자에게 짧은 시간에 큰 타격을 입히느냐, 아니면 긴 시간에 걸쳐 서서히 파멸시키느냐만 다를 뿐입니다. 가해자들은 본질적으로 다르지 않습니다.

부푼 마음으로 사회생활을 시작한 청춘을 목표물 삼아 공격합니다. 사냥을 하듯, 게임 아이템을 키우듯 길들이다가 어느 한 순간에 파괴합니다. 그리고 범죄 사실을 은폐하기 위해 자신이 가진 것들을 동원합니다. 인맥과 지위, 물질과 언어를 사용합니다. 피해자는 겁에 질리고, 가해자가 또 다른 가해를 할 것이라는 공포에 휩싸입니다. 가해자는 피해자가 포기하길 기다립니다. 그리고 2차 가해가 시작됩니다. 가해자는 원하는 걸 얻고 다른 사냥감을 찾아 떠납니다. 상처 입은 피해자만 남습니다.

아직 제가 만나보지 못한 다른 성폭행 사례들에서는 가해자가 피해자를 수년에 걸쳐 지속적으로 성폭행하고 피해자는 위력에 의해 계속 끌려 다니는 경우도 많습니다. 아마 여러분도 언론을 통해 많이 접하셨을 겁니다.

이 악의 순환을 끊어내는 길은 가해자에 대한 철저한 응징과 처벌입니다. 가해자가 다시는 그런 짓을 저지르지 못하게 하고 피해자의 삶을 회복하기 위해 현재 우리가 취할 수 있는 가장 좋은 방법은 신고와 고소, 처벌입니다. 직장 내 성범죄는 피해자 혼자 해결하기 어렵습니다. 자칫 잘못하면 가해자가 증거불충분에 의한 무혐의로 풀려나거나, 잘못된 기소로 가해자의 삶만 복구됩니다. 피해자는 두려워하지 말고 주변에 도움을 청해야 합니다. 가능하면 전문가를 만나 보기라도 해야 합니다. 무료상담만 받아도 억울한 일을 덜 수 있습니다.

또한, 이런 범죄가 반복되지 않으려면 직장 문화도 바뀌어야 합니다. 술 중심의 소통체계, 피해자를 인격체로 대하지 않고 장식물처럼 여기는 분위기, 사건이 일어났을 때 쉬쉬하고 은폐하는 조직문화, '너 하나 입 다물면 모두가 편해진다'는 식의 인식들이 하나씩 바뀌었으면 합니다.

법의 해석도 마찬가지입니다. 해석하기 모호하다고 해서 쉽게 가해자 편을 들어주지 않았으면 좋겠습니다. 파렴치한 사람들의 손을 잡아주는 세력이 적었으면 좋겠습니다. 돈으로, 권력으로, 범죄를 가리려는 일이 줄어들었으면 좋겠습니다.

범죄는 사회를 좀먹습니다. 결국, 모두가 병들어갑니다. 특히 성범죄는 피해자의 영혼을 파괴하고 삶을 뒤흔듭니다. 피해자는 평생 그 기억을 갖고 살아야 합니다. 피해자가 되지 말라고 강요할 것이 아니라, 가해자를 철저히 처벌하고 경각심을 일깨우는 것이 중요합니다.

여성단체의 성폭력 대처 시위에서 본 문구가 기억납니다. "용감한 여성이 고장 난 시스템을 바꾼다." 저는 이 문장에서 '여성'을 '시민'으로 바꾸면 좋겠습니다. 성으로 역할을 구분 짓기보다 저마다 인간으로서 해야 할 일을 하면 좋겠습니다. 용감한 사람들이 모여 고장난 시스템을 바꿔가기를, 그래서 누구도 범죄 피해를 입지 않기를 바랍니다. 조직 내 성범죄는 한 개인의 일탈이라고 보기 어렵습니다. '그래도 된다'는 의식이 분명히 범죄 기저에 깔려 있습니다.

아무도 피해자가 되지 않는 것이 가장 좋습니다. 하지만 어느 날 길을 걷다가 알 수 없는 곳에서 벽돌이 날아와 뒤통수를 치기도 하는 게 세상이더군요. 우리는 상처받으면 좌절하기도 하지만, 그 상처를 극복하고 일어설 수 있는 회복력도 갖고 있습니다.

변호사를 만나기 어렵거나 법무팀이 없는 회사에서 일하는 분들에게 이 책이 조금이라도 도움이 되었으면 좋겠습니다. 범죄는 피할 수 없으면 도망치는 게 우선이고, 그것도 잘 안 된다면 법을 방패 삼아 맞서 싸우는 게 옳습니다. 불행 없는 세상은 불가능하겠지만 그래도 우리가 조금이나마 불행을 덜 만나길 바랍니다. 이 사회를 구성하는 우리 모두가 함께 문제를 똑바로 바라보고 부당한 일에 항거할 수 있는 힘을 서로 북돋워줄 때 이 싸움이 끝날 것이라고, 저는 믿습니다.

범죄가 묵인되는 사회에서는 누구도 안전할 수 없습니다. 서로를 지킵시다.

社생활변호사

초판 1쇄 인쇄일 2020년 9월 16일
초판 1쇄 발행일 2020년 9월 23일

글   김상균
펴낸이   김완중
펴낸곳   내일을여는책
편집총괄   김세라
디자인   윤현정
관리실장   장수대
인쇄   아주프린텍
제책   바다제책

출판등록   1993년 1월 6일(등록번호 제475-9301)
주소   전라북도 장수군 장수읍 송학로 93-9(19호)
전화   063)353-2289
팩스   063)353-2290
전자우편   wan-doll@hanmail.net
블로그   blog.naver.com/dddoll

ⓒ 김상균 2020
ISBN 978-89-7746-940-2(03330)